STAUDEN KLASSIKER

Attraktive Beetideen mit den beliebtesten Stauden

Ute Bauer

STAUDEN KLASSIKER

Attraktive Beetideen mit den beliebtesten Stauden

Von der Idee zur stilvollen Rabatte

Stauden sind Pflanzenpersönlichkeiten, die dem Garten ein unverwechselbares Gesicht geben. Gekonnt kombiniert mit den passenden Begleitern, entstehen traumhaft schöne Gartenbilder.

Wege zum Traumgarten

Mit etwas Know-how und den Grundregeln der Gestaltung können Sie mit Ihren Lieblingsstauden zauberhafte Beete und Rabatten gestalten.

Rechts: *Ein Meer aus blühenden Stauden koloriert die Perspektive, die den Blick zum Pavillon leitet. Pfingstrosen, Mohn, Storchschnabel und Rosen tauchen den Juni in ihre Farben.*

Unten: *Die Vielfalt der Stauden hält nicht nur spektakuläre Blüten bereit, sondern auch imposante Gestalten und farbige Blätter: rechts Palisaden-Wolfsmilch, links silberlaubiger Wollziest.*

Gärtnern ist kreatives Gestalten! Am Anfang steht die persönliche Vision vom eigenen Paradies. Wie bei einem Kunstwerk entscheidet allein der Erschaffer, was schön ist und was nicht, was passt und was stört. So unterschiedlich wie die Menschen sind daher auch die individuellen Vorstellungen vom Traumgarten. Und das ist gut so. Wie langweilig und einförmig sähen sonst unsere Gärten aus!
Auf dem Weg von der Vision zur Wirklichkeit gelten jedoch für alle ein paar

Grundregeln, die Natur und Pflanzen, aber auch Farben- und Formenlehre dem Gartenkünstler vorgeben.
Deshalb finden Sie im ersten Kapitel dieses Buchs die wichtigsten Tipps im Umgang mit Stauden. Wie finde ich den richtigen Standort? Welche Pflege brauchen Stauden? Wie pflanzt man sie richtig ein? Hinweise zu Beetgestaltung, Anordnung und Kombination mit anderen Pflanzen ergänzen diesen Teil.
Im zweiten Kapitel werden die beliebtesten Staudenklassiker im Detail porträtiert und in verschiedenen Pflanzsituationen vorgestellt, die unterschiedlichen Standortbedingungen Rechnung tragen oder von unterschiedlichen Stilen und Stimmungen geprägt sind. Hier können Sie nicht nur Ihre Lieblingsstauden und deren schönste Sorten aussuchen, sonder sich auch von Gestaltungsvorschlägen inspirieren lassen. Aus dem riesigen Staudenangebot sind dort die Klassiker vorgestellt, die in prächtigen Rabatten nicht fehlen dürfen. Die meisten übernehmen in Beeten spielend die Leitfunktion. Geeignete Begleitpflanzen schmeicheln ihnen in Form und Farbe. Die Reihenfolge der Stauden orientiert sich an den jeweiligen Blütezeiten. Sie spiegelt also weitgehend – denn natürlich gibt es Überschneidungen in der Blütezeit – die jahreszeitliche Abfolge wider. Der Staudenreigen beginnt mit den Frühjahrsblühern und endet zum Saisonfinale mit den Herbstschönheiten. Die schönsten und gängigsten Pflanzpartner für Ihre Lieblingsstauden finden Sie in den Porträts ab Seite 128.
Noch ein Wort zum Begriff Stauden: Umgangssprachlich wird er zwar oft anders benutzt, doch im botanischen Sinn sind Stauden mehrjährige krautige – also nicht verholzende – Pflanzen. Ihre oberirdischen Teile – Stängel und Blätter – sterben wie bei einjährigen Sommerblumen im Herbst ab. Der unterirdische Wurzelballen jedoch überwintert und treibt im nächsten Frühjahr neu aus.

Verschiedene Lebensbereiche

Stauden können von ihrer Natur her viele Jahre, manche Arten sogar Jahrzehnte alt werden. Das funktioniert allerdings nur, wenn sie an ihrem Standort im Garten Bedingungen vorfinden, die ihre jeweiligen Ansprüche erfüllen, sonst ziehen sie sich schnell wieder von der Bildfläche zurück.

Die Herkunft verrät, welche Ansprüche eine Staude hat

Was heute in unseren Gärten wächst, sind neben heimischen Stauden auch Pflanzen, die aus aller Welt zusammengetragen und zum Teil züchterisch intensiv bearbeitet wurden. In jedem Fall lohnt es sich, sich zu informieren, wo und wie die Pflanze in freier Natur gedeiht. Bei Zuchtsorten kommt es dabei auf die Ausgangsform an. Denn der Naturstandort gibt wichtige Informationen über die individuellen Bedürfnisse. Es zeigt sich jedoch auch, dass sich Lebensbereiche ähneln, egal ob eine Pflanze aus den gemäßigten Zonen Asiens, Amerikas oder aus Europa stammt. Die Lebensbedingungen im Wald, an feuchten Ufern oder in Steppen sind von den gleichen Faktoren geprägt. Boden-, Wasser-, Nährstoff- und Lichtverhältnisse ähneln sich. So hat sich im Umgang mit Stauden eine Einteilung nach Lebensbereichen durchgesetzt, die man auch in der Fachliteratur und in den Katalogen großer Staudengärtnereien – meist als Abkürzung – wiederfindet. Pflanzen, die demselben Lebensbereich

Links: *Pfingstrosen, hier die Sorte 'Schwindt', blauer Pracht-Storchschnabel und gelber Frauenmantel schätzen sonnige Beete auf guten Böden, die ausreichend Wasser und Nährstoffe zur Verfügung stellen.*

Rechts: *Vollsonnig, heiß und auch einmal trocken mag es diese Pflanzengesellschaft im Kiesgarten, die von der Palisaden-Wolfsmilch dominiert wird.*

zugeordnet werden, gedeihen auch im Garten gut miteinander am selben Platz. Man unterscheidet folgende sieben Bereiche:

> Gehölz oder Wald: Dieser Standort ist von geringer Lichtausbeute geprägt, aber auch von humosem Boden. Oft herrscht hohe Luftfeuchtigkeit. Hier fühlen sich großlaubige Schattenstauden, Waldgräser und Farne wohl.

> Gehölzrand: Diesen Bereich dominieren immer noch die Gehölze. Der Schatten ist aber lichter, er wandert, und Sonnenstrahlen erreichen den Boden. Im Garten finden sich solche halbschattigen Plätze unter hohen Einzelgehölzen, am Heckenrand oder an Mauern. Hier kann es luftfeucht und kühl sein oder warm und trocken, je nachdem, ob es sich um die sonnenzu- oder -abgewandte (absonnige) Seite der Hecke oder Mauer handelt. Viele verschiedene Wildstauden haben hier ihren Platz.

> Freifläche: Gehölze fehlen völlig, es gibt keinerlei Schattenwurf. Die Fläche ist sonnig und hell. Die Wasser- und Nährstoffverhältnisse hängen von der Bodenart ab. Sie können von trockensandig wie in Steppen oder Heiden bis feucht reichen. Dementsprechend wachsen hier spezialisierte Pflanzen. In trocken-heißen Lagen sind dies zum Beispiel asketische, mediterrane Kräuter und viele silberlaubige Stauden, auf Sandböden beispielsweise Heidekraut, auf feuchtem Untergrund Feuchtwiesenstauden.

> Beet: Hier sind alle Lebensfaktoren im Optimum vorhanden – viel Sonne, reichlich Humus und Nährstoffe und gute Wasserversorgung. Es gibt keine

Links: *Absonnige bis halbschattige Lagen findet man oft an Mauern. Hier fühlen sich großlaubige Funkien wohl, die es in vielen panaschierten Sorten gibt, sowie das kletternde Geißblatt.*

Rechts: *Im Schatten unter Gehölzen gedeihen Wald- und Gehölzrand-Stauden prima. Sie genießen den humosen Boden und die hohe Luftfeuchtigkeit – wie hier das mächtige Schaublatt.*

Oben: *Vor dieser Mauer herrschen sonnig-warme Verhältnisse. Die Gesellschaft ist in Höhenstaffelung, Blütenfarbe, Laub- und Wuchsformen perfekt »durchgestylt«.*

Rechts: *Blütenmeer in mehreren Etagen: Diese gut modellierte »Hügellandschaft« aus verschieden hohen Stauden bietet dem Auge ein gefälliges Bild.*

Konkurrenz von Gehölzwurzeln, der Boden ist stets locker und luftig und gut gepflegt. Hier fühlen sich alle Prachtstauden und Hochleistungsblüher wohl, die uns fleißige Züchter geschenkt haben. Die meisten der hier vorgestellten Staudenklassiker gehören dazu.

> Steingarten und Alpinum: Dieser Lebensbereich steht in engem Bezug zu Gestein. Er ist sehr sonnig und warm, der Boden nährstoffarm und durchlässig.

> Wasserrand: Darunter versteht man stark feuchte, sumpfige oder sogar flach von Wasser überspülte Standorte, die Heimat von Sumpfpflanzen.

> Wasser: Hier leben nur stark spezialisierte Pflanzen, die unter Wasser wurzeln oder auf der Oberfläche schwimmen.

Manche Staudenarten sind sehr eng auf ihren Lebensbereich festgelegt. Andere erweisen sich als relativ anpassungsfähig und kommen auf sonnigen Plätzen ebenso gut zurecht wie auf halbschattigen,sie tolerieren mäßig trockene, aber auch frisch-feuchte Böden. So bleibt auf jedem Standort genügend Spielraum für unterschiedliche Kombinationen.

Ganz wichtig: Bestandsaufnahme und Bodenprobe

Wichtig ist, vor der Pflanzung eine Bestandsaufnahme im Garten zu machen: Wo liegen die Sonnen- und die Schattenseiten im eigenen Grün? Welcher Boden liegt vor – ist er sandig oder tonig? Wie hoch ist der Humusanteil? Wie gestaltet sich der Wasserhaushalt? Mit diesen Informationen fällt es dann nicht mehr schwer, jedem Platz geeignete Stauden aus den passenden Lebensbereiche zuzuordnen und standortgerechte Arten zu finden.
Grundsätzlich unterscheidet man folgende Bodentypen:

> Sandiger Boden: Er ist luftig, grobkörnig und großporig und damit leicht zu bearbeiten. Er erwärmt sich schnell, kann jedoch Wasser und Nährstoffe schlecht speichern.

> Toniger Boden: Er klebt und matscht und ist sehr schwer zu bearbeiten. Winzig kleine Einzelteilchen machen den Boden feinporig und »schmierig«. Der Nährstoff- und Wassergehalt ist hoch, die Durchlüftung jedoch schlecht. Außerdem erwärmt er sich nur langsam.

> Lehmiger Boden: Er enthält Bodenbestandteile verschiedener Korngrößen und verbindet damit die guten Eigenschaften der beiden anderen Extreme. Er ist eigentlich der ideale Pflanzenboden. Achtung: Umgangssprachlich wird als Lehmboden oft bezeichnet, was wissenschaftlich eigentlich ein Tonboden ist.

Zwischen diesen drei Bodentypen gibt es je nach Zusammensetzung und Anteil der jeweiligen Korngrößen Übergänge und Zwischenformen, etwa lehmigen Sand oder tonigen Lehm.
Eine weitere wichtige Komponente ist außerdem der Humusgehalt der Böden, das heißt der Anteil an organischer Substanz. In der oberen Bodenschicht werden Reste von Falllaub, Pflanzenwurzeln und Kleinstlebewesen zersetzt und zu feinkrümeliger Erde umgewandelt. Ein hoher Humusanteil verbessert den Nährstoff- und Wasserhaushalt jedes Bodens und macht auch aus relativ schlechten Sandböden oder tonigen Erden brauchbare Pflanzenstandorte.
Genauen Aufschluss über die Bodenverhältnisse gibt die Bodenanalyse, die verschiedene Institute anbieten (→ Seite 140, Adressen). Dazu entnimmt man an verschiedenen Standorten im Garten eine Bodenprobe und schickt sie ein. Als Ergebnis erfahren Sie nicht nur genau, welche Bodenart vorliegt, sondern erhalten auch Informationen zum Nährstoffangebot und Düngeempfehlungen.

Rabatten kunstvoll strukturieren

Hat man sich über Boden- und Lichtverhältnisse im eigenen Garten Klarheit verschafft, stellt sich wahrscheinlich heraus, dass die eigene Scholle verschiedene Lebensbereiche bietet. Vielleicht ist der Vorgarten sonnig-heiß, während das Grundstück hinterm Haus vom angrenzenden Wald teilweise beschattet wird. Die Frage ist jetzt: Wohin sollen die Beete, und wie stellt man sie zusammen?

Höhenstaffelung – stets reine Ansichtssache!

Der Klassiker in der Gartengestaltung ist ja die Rabatte am Zaun. Sie macht aus jeder Grundstücksgrenze ein Schmuckstück und hat einen klaren Aufbau. Weil man vom Haus oder Garten aus die Komposition betrachten und überblicken möchte, stehen die höchsten Arten im Hintergrund am Zaun. Da die Hünen im Beet oft nicht ganz standfest sind, finden sie dort praktischerweise auch gleich etwas Halt durch die Zaunkonstruktion. Davor fallen die Wuchshöhen zum Betrachter hin ab. Die Stauden werden immer kleiner, sodass das Ganze gut überschaubar ist und keine Blüte sich dem Auge der Bewunderer entzieht. Diese Höhenstaffelung macht auch Sinn vor Hausmauern, Garagenwänden oder hohen Sichtschutzhecken. Staudenrabatten müssen jedoch keineswegs immer an den Rand des Grundstücks gerückt werden. Sie lassen sich durchaus auch als farbenfroher Sichtschutz und blütenreicher Raumteiler einsetzen. So können sie etwa den Sitzplatz rahmen, zwei Gartenteile mit unterschiedlicher Funktion voneinander trennen oder als Inselbeet das Zentrum eines Gartenbereichs betonen. Solche Rabatten müssen nach mehreren oder allen Seiten hin eine gute Ansicht bieten. Daran muss sich die Höhenstaffelung orientieren. Ein hoch aufragendes Zentrum blickt dann auf ein untergeordnetes »Fußvolk« herab.

Zu statisch sollte die Höhenstaffelung jedoch im Allgemeinen nicht ausfallen, es sei denn, man möchte einen formalen, grafischen Gesamteindruck erzielen. Natürlicher wirken sanfte »Hügellandschaften«. Je größer die Fläche, desto wichtiger ist es, starre Höhenlinien auch einmal aufzubrechen und einzelne hohe Pflanzen in den Vordergrund zu rücken oder auffällige Solitäre einzustreuen, damit sich aus unterschiedlichen Blickwinkeln auch immer wieder neue Ansichten auftun.

Oben: *Die Bart-Iris übernimmt hier die Leitstaudenfunktion als höchste und plakativste Staude im Beet.*

Rechts: *Der blaue Storchschnabel 'Kashmir Blue' durchzieht als Drift das Beet zwischen Frauenmantel und Pfingstrosen der Sorte 'Sarah Bernhardt'. Und weil das Band des Storchschnabels schmal ist, hinterlässt er keine Lücken im Beet, wenn er abgeblüht ist.*

Rollenverteilung im Beet: Leit-, Begleit- und Füllstauden

Professionelle Gartengestalter unterscheiden nach verschiedenen Funktionen, die Pflanzen in einer Rabatte erfüllen. Zuerst sollte man sich immer für die Leitstauden entscheiden. Das sind die auffälligsten Gestalten in der Gesamtkomposition, entweder die höchsten Arten, die blütenreichsten oder die mit der plakativsten Farbe. Sie lenken den Blick des Betrachters zuerst auf sich. Bei ihrer Auswahl lässt man sich einfach vom eigenen Geschmack leiten. Jeder hat seine Lieblingsarten oder Lieblingsfarben und kann hier völlig frei aus dem vollen Angebot schöpfen.

Die Leitstauden bilden das Grundgerüst, das Skelett einer Rabatte. Man setzt sie einzeln oder in kleinen Tuffs bis zu drei Exemplaren und wiederholt diese in unterschiedlichen Abständen in der Pflanzung. Sie sollten am Ende nicht mehr als 20–30 Prozent der Beetfläche bedecken. Typische Leistauden sind zum Beispiel Sonnenauge (→ Seite 90) oder Eisenhut (→ Seite 102). Doch es gibt hier keine festen Kategorien. Neben einer Hortensie wird der Eisenhut schnell zum Begleiter. Umgekehrt können auch sehr viel kleinere Stauden wie Bart-Iris (→ Seite 34) oder Taglilien (→ Seite 52) die Leitstaudenfunktion übernehmen, wenn sich die Begleitpflanzen in der optischen Wirkung unterordnen (→ Foto links). Auch Gräser wie Chinaschilf oder Pfeifengras können in einer Rabatte als Leitstauden fungieren. Es kommt eben immer auf die Gesamtkomposition an. Die in diesem Buch porträtierten Staudenklassiker haben alle das Potenzial, als Leitstauden eingesetzt zu werden. Es sind auffällige Prachtstauden, die meistens auch von relativ stattlicher Größe sind. Einzige Ausnahme ist vielleicht der Türkenmohn, da er nach der Blüte einzieht. Man kann ihn jedoch mit attraktiven Herbstblühern vergesellschaften, die nach seinem Abtreten die Leitrolle von ihm übernehmen.

Stehen die Leitstauden fest, wählt man die Begleitstauden aus. Sie werden in ihrer Größe und Erscheinung auf die Leitstauden abgestimmt. Sie sollten kleiner bleiben und in Blüte, Wuchsform und Laub möglichst Abwechslung bieten. Begleitstauden setzt man immer in Gruppen, je nach Art und Statur von drei bis fünf oder sogar zehn Exemplaren. Sie bedecken später 30–40 Prozent der Rabattenfläche. Typische Begleitstauden sind beispielsweise Sommersalbei, Mädchenauge oder viele Storchschnabelarten.

Im letzten Schritt füllt man die noch verbliebenen Lücken im Beet mit Füllstauden auf. Diese Rolle spielen vor allem flächig oder polsterförmig wachsende Arten hervorragend. Hierzu gehören klassische Bodendecker wie Kriechender Günsel, aber auch viele Blattschmuckpflanzen und Gräser. Füllpflanzen setzt man immer in größerer Stückzahl von 10–20 Einzelexemplaren, damit sie die Bodenoberfläche schnell bedecken. Sie machen am Ende 40– 50 Prozent der Gesamtfläche aus.

Wiederholungen als Taktgeber

Die Pflanzen sollten im Beet nicht so angeordnet sein, dass sie wie aufgereiht wirken. Damit ein möglichst harmonisches und natürliches Gesamtbild entsteht, setzt man Stauden einer Art deshalb immer in Gruppen, die sich auf der Fläche wiederholen. Selbst die Leitstauden sollten nicht nur einmal in der Rabatte erscheinen, sondern möglichst in unregelmäßigen Abständen und unterschiedlicher Gruppenstärke – mal einzeln, mal als Dreiertuff – immer wieder auftauchen. Diese Wiederholungen »takten« die Pflanzung. Sie geben dem Auge des Betrachters Halt und leiten es durch die Rabatte. Wie ein Metronom sorgen sie für einen durchgehenden Rhythmus. Gleichzeitig fungieren sie als innere Klammer und halten die Pflanzung optisch zusammen.

Ein englischer Kunstgriff: Drifts verleihen Dynamik

Die große englische Gartengestalterin Getrude Jekyll verlieh ihren berühmten Rabatten mit einem kleinen Kunstgriff besondere Dynamik. Auch sie arbeitete mit Wiederholungen von Arten und Gruppen. Damit nach dem Einziehen oder Abblühen einzelner Staudenarten keine Lücken oder »grünen Löcher« entstehen, setzte sie die einzelnen Pflanzengruppen in langen, schmalen, geschwungenen Bändern, die sich ineinanderschmiegen, in sogenannten Drifts. Drift bedeutet so viel wie »sich treiben lassen« und beschreibt die Form dieser Staudenbänder sehr treffend. Sie erinnern an im Wasser treibende Pflanzen. Dazwischen platziert man einzelne runde Tuffs. Diese Anordnung bewirkt, dass eine Rabatte von vorne betrachtet ein anderes Bild ergibt als im Profil. Der Wechsel der Perspektive eröffnet neue Ansichten und bringt Spannung und Abwechslung in den Garten.

Formen erzeugen Spannung

Betrachtet man Fotos von englischen Staudenrabatten in Schwarz-Weiß, wird rasch deutlich, dass das Erfolgsgeheimnis dieser fantastischen Pflanzengesellschaften mehr auf der abwechslungsreichen Kombination von Formen beruht als auf dem Mix der Blütenfarben.

Abwechslungsreiche Blüten

Naturgemäß stehen Blüten in der Wahrnehmung im Vordergrund, meist weil sie wegen ihrer Farbe auffallen. Doch Blüten haben auch Formen, die sich stark unterscheiden. Gelungene Staudenrabatten zeichnen sich unabhängig von der Farbgebung meist durch Pflanzen mit sehr unterschiedlichen Blütenformen aus. Großblütige Arten wie Pfingstrosen oder Dahlien werden mit filigranen Blühern untermalt, etwa mit Frauenmantel oder Schleier-Eisenkraut (→ Foto links). Schlanke Kerzen wie die des Rittersporns oder hoch gebaute Irisblüten werden von Kugeln konterkariert, wie sie Kugeldisteln oder Zierlauch bieten (→ Foto rechts). Und trichterförmige Taglilien- und Lilienblüten heben sich von den flachen Schirmchen der Edelgarben gut ab.
Je weniger Farben in einer Rabatte vorkommen, desto wichtiger ist die Vielfalt der Formen. Vor allem monochrome, also einfarbige Beete leben von unterschiedlichen Umrissen und Profilen, von der Mischung feiner und grober Strukturen. Der »Weiße Garten« von Vita Sackville-West in Sissinghurst Castle ist ein hervorragendes Beispiel hierfür.

Links: *Ein apartes Duo: Die Schmuck-Dahlie 'Requiem' mit großen Blütenköpfen und das zarte Schleier-Eisenkraut mit winzigen Knöpfchen. Es wird bei uns meist einjährig gezogen, obwohl es in seiner Heimat Südamerika durchaus mehrjährig gedeiht. Unsere Winter übersteht es aber nur an sehr geschützten Standorten.*

Rechts: *Hoch und unregelmäßig gebaute Irisblüten kontrastieren gelungen mit den geometrisch runden Kugelköpfen des Zierlauchs.*

Mit variierenden Wuchs- und Laubformen gestalten

Noch viel entscheidender als die Blütenform prägt jedoch das ganze Erscheinungsbild einer Pflanze ihre Wirkung in der Rabatte. Ob eine Art kerzengerade und unverzweigt hoch aufschießt oder fein verästelt sich eher in die Horizontale orientiert, macht einen Unterschied. Manche, wie Taglilien oder viele Gräser, wachsen bogig überhängend und wirken damit wie Fontänen oder Springbrunnen. Sie verleihen Beeten eine gewisse Dynamik und können prima zwischen aufrechten Stauden und Bodendeckern vermitteln. Wieder andere bilden flache Polster oder weben über Ausläufer sogar flächige Teppiche. Schöpfen Sie auch diese Palette an Möglichkeiten aus und kombinieren Sie vielfältig.

Nicht zuletzt darf man bei aller Blütenpracht, die Rabattenstauden auszeichnet, nicht den Schmuckwert des Laubs vergessen. Die Formenvielfalt der Blätter erweist sich als ebenso groß wie die des Flors. Neben großen, runden wie bei Frauenmantel oder Purpurglöckchen gibt es feine, nadelartig gefiederte wie bei Mädchenauge oder Bronze-Fenchel. Neben den großen, glatten Blättern der Funkien existieren die silbergrauen, filzig behaarten oder mit Wachs überzogenen der Sonnenanbeter wie Wollziest, Salbei, Edelrauten. Bergenien zum Beispiel überraschen mit immergrünem Laub, und manche Stauden tauschen ihr Blattgrün gegen spektakuläre Laubfarben ein, etwa der Schwarze Schlangenbart, rote Purpurglöckchen oder panaschierte Formen von Funkien, Gräsern oder Bart-Iris. Abwechslung ist Trumpf!

Links: *So bunt kann Laub sein: Der Schwarze Schlangenbart lässt seine schmalen, grasartigen Blätter zwischen den silbrig behaarten »Eselsohren« des Wollziests sprudeln.*

Rechts: *Aufrechter Trichterfarn setzt als Leitstaude zwischen breiten Funkienhorsten und einem Teppich aus Lärchensporn (Corydalis) vertikale Akzente.*

Links: *Die zarten Pastelltöne des Phlox gehen Ton in Ton in kühles Violettblau über – eine hochromantische, harmonische Verbindung.*

Unten: *Starke Kontraste beleben, wie diese blau-gelbe Kombination beweist: Die Komplementärfarben verstärken sich gegenseitig in ihrer Leuchtkraft.*

Farben schaffen Stimmungen

Das Thema Farbe im Garten füllt ganze Bücher. Dabei ist kein anderes so stark vom persönlichen Geschmack, aber auch von Modeströmungen abhängig. Wichtig ist, sich bewusst zu machen: Erlaubt ist, was gefällt. Schließlich hat jeder seine Lieblingsfarben und individuelle Vorstellungen vom eigenen Traumgarten. Die Farbenlehre darf daher nie als einengendes Regelwerk verstanden werden. Aber sich mit den Grundprinzipien auseinanderzusetzen hilft, erwünschte Wirkungen besser zu erzielen. Der bewusste Umgang mit Farben macht diese zu einem wertvollen Stilmittel.

Kontrast oder Harmonie

Sicherlich kennen Sie dieses Phänomen: Man kauft spontan einige hübsche Pflanzen, andere bekommt man geschenkt, und einige stellen sich im Garten von allein ein. Das Ergebnis ist ein kunterbunter Mix von Blüten, der entweder grell wirkt oder dessen Farben sich sogar beißen. Das muss zwar nicht verkehrt sein – die Geschmäcker sind schließlich verschieden –, aber meist befriedigt ein solches Sammelsurium nicht wirklich. Wer etwas Erfahrung mit der Gartengestaltung hat, lernt schnell, dass im Umgang mit Farben weniger meist mehr ist. Die Beschränkung auf eine Blütenfarbe – Grün ist ohnehin immer mit von der Partie – oder zwei oder wenige Farbtöne erzeugt in der Regel beeindruckendere Bilder als ein willkürlicher Farbenmix. Dabei kann man auf starke Kontraste setzen oder auf Ton-in-Ton-Harmonien.

> Kontraste beleben generell die Szene. Sie rütteln auf, erzeugen eine heitere, lebensfrohe Atmosphäre. Starke Kontrastpartner bringen sich gegenseitig zum Leuchten. Gelb und Violett, Blau und Orange oder Rot und Grün sind solche Paare. Man nennt sie Komplementärfarben, weil sie die stärksten Gegensätze bilden. Auf dem Farbkreis, der aus den Grundfarben Rot, Gelb, Blau und ihren Mischtönen Orange, Grün und Violett besteht, liegen sie sich genau gegenüber.

> Ton in Ton kombinierte Blütenfarben strahlen dagegen Harmonie und Eleganz aus. Die Töne liegen auf dem Farbkreis nebeneinander, etwa Gelb, Orange, Rot, aber auch Blau, Violett, Karminrot. Die Wirkung solcher Farbverläufe hängt darüber hinaus sehr von der »Temperatur« der verwendeten Farben ab.

> Warme Farben wie Rot, Orange oder Goldgelb »heizen« auch im übertragenen Sinn die Stimmung buchstäblich an. Mit ihren feurigen, flammenden Tönen suggerieren sie tatsächlich Wärme, Sonne und Glut. In der Rabatte wirken sie freundlich, munter und temperamentvoll. Vor allem an sonnigen Plätzen kommen diese Farben zum Tragen. Allerdings rücken sie optisch immer in den Vordergrund. Vor allem in kleinen Gärten sollte man sie daher wohldosiert einsetzen, weil sie Distanzen noch kleiner wirken lassen.

Oben: *Warme Farben geben Ton-in-Ton-Kombinationen eine feurige Note, wie dieses Beet aus orangefarbenen Taglilien, gelben Lilien und feuerroten Montbretien zeigt. Dennoch bleibt die Gesamtwirkung harmonisch.*

> Kühle Farben dagegen – vor allem Blau – scheinen sich dem Auge zu entziehen. Sie lassen Abstände größer erscheinen und tun kleinen Gärten daher besonders gut. Den größten Charme entfalten sie in gedämpftem Licht, etwa in der Dämmerung oder an absonnigen Plätzen. Kühles Weiß leuchtet sogar noch in der Dunkelheit. Allerdings ist Weiß genau genommen keine Farbe. Im Garten ist es jedoch besonders wertvoll, weil es immer als neutraler Vermittler zwischen schwierigen Blütenpartnern eingesetzt werden kann.

Außerdem verändert ein hoher Weißanteil in der Blütenfarbe auch deren Wirkung. Es entstehen Pastellfarben, die eher kühl, sehr zart und vor allem ungeheuer romantisch wirken, besonders zusammen mit silberlaubigen Pflanzpartnern. Man kann sie wundervoll untereinander kombinieren, selbst wenn es sich um Farben handelt, die sonst weniger harmonieren. Rosa und Gelb zum Beispiel wirken nebeneinander oft schrill, Zartrosa oder Aprikot zusammen mit Cremegelb schmeicheln durchaus.

Ein Gartenthema als Leitfaden

Abgesehen von rein ästhetischen Form- und Farbgesichtspunkten wird es derzeit immer populärer, als Richtschnur für die Gartengestaltung ein Thema zu wählen: Bauerngarten, Cottage-Garten, formaler Garten, Japangarten, Garten im englischen Stil, mediterraner Garten etc. – die Möglichkeiten sind unendlich. Damit das Ergebnis überzeugt, sollte der Stil des Gartens immer zur Architektur des Hauses passen und sich schlüssig in die Umgebung einfügen. Verspieltes, überbordendes Cottage-Garten-Flair harmoniert perfekt mit Landhausarchitektur. Der naturnahe Waldgarten überzeugt in Innenstädten weniger als in Lagen mit angrenzender freier Landschaft. Wer üppige Staudenrabatten liebt, nimmt sich gern ein Vorbild an englischen Gärten. Zum schlüssigen Konzept wird das Ganze, wenn typische Accessoires und Dekoelemente die Pflanzenauswahl ergänzen. Für spezifisch britischen Charme sorgen beispielsweise Mäuerchen aus alten Steinen, mit Patina versehene Pflastersteine und Pflanzgefäße, Büsten und Statuetten sowie hier und da eine Topiary-Figur, also Formschnittgehölze, oder Hecken- und Buchseinfassungen. Den mediterranen Garten untermalen Kieswege, Kalksteine und Terrakotta-Töpfe. Zum Bauerngarten gehören neben bunten Schnittblumenrabatten, Gemüse und Kräutern auch Wege aus Rindenmulch, traditionelle Jägerzäune und Einfassungen aus Weidengeflecht.

Über ein Gartenthema lassen sich persönliche Vorlieben kreativ ausleben. So kann aus dem Lieblingsreiseziel, zum Beispiel Asien, ein fernöstlicher Garten werden. Oder man bietet der bevorzugten Jahreszeit eine Bühne und zelebriert das Frühjahr oder den Herbst mit all seinen Blüten-Facetten.

Unten: *In diesem frisch-fröhlichen Frühlingsgarten leuchtet Wolfsmilch in Schwefelgelb mit weißen Tulpen um die Wette. Die schwarze Tulpe 'Queen of Night' setzt zusammen mit dem violetten ausdauernden Goldlack 'Bowles Mauve' Kontraste.*

Das Spiel mit den Blühphasen im Wechsel der Jahreszeiten

An den Blütezeiten scheiden sich oft die Geister. Während die einen nach Rabatten streben, in denen immer etwas blüht, setzen andere lieber alles auf eine Karte. Die Frage, ob Beetpartner zur gleichen Zeit blühen sollen oder sich in ihrer Pracht ablösen, ist häufig auch eine Platzfrage. Auf sehr kleinen Beeten lässt sich der Anspruch auf gestaffelte Blütezeiten oft kaum umsetzen. Hier ist es meist sinnvoller, sich für einen gemeinsamen Blütenhöhepunkt zu entscheiden. Andere Jahreszeiten kann man vielleicht in einem anderen Beet oder in einem anderen Gartenbereich feiern. Auf größeren Flächen gelingt es leichter, eine durchgehende Blüte zu realisieren. Kombiniert man Frühblüher und Spätblüher, bleibt die Rabatte nicht lange farblos. Beide können sich auch in der Leitstaudenfunktion abwechseln, etwa wenn Pfingstrosen im Frühjahr die Rolle des Farbträgers spielen, im Herbst jedoch Astern diese Aufgabe übernehmen. Ideale Begleitstauden glänzen in einem solchen Fall mit möglichst langen sommerlichen Blütezeiten. Sie sorgen für Farbe im Beet, wenn die Leitstauden noch nicht oder nicht mehr blühen. Sie vermitteln perfekt zwischen frühen und späten Stauden. Kein Wunder also, dass Dauerblüher beziehungsweise Mehrfachblüher wie Sommersalbei oder Katzenminze zu den Klassikern unter den Begleitstauden zählen. Ebenso genial sind Arten, die nicht nur ihre Blüte in die Waagschale werfen, sondern auch mit Blattschmuckqualitäten punkten. Frauenmantel, Purpurglöckchen oder Funkien zieren Beete während der ganzen Saison mit dekorativem und teilweise farbigem Laub. Auch Gräser sind aus diesem Grund wertvolle Begleit- und Füllstauden.

Zwiebelblumen und Gehölze verlängern die Saison

Der Blütenreigen der Stauden beginnt, von wenigen Ausnahmen abgesehen, ab Mai. Vorher sind die Pflanzen, die ja nur mit dem Wurzelballen überwintern, noch mit dem Austrieb beschäftigt. Man kann den Blühbeginn einer Rabatte aber vorziehen, indem man sie mit Frühlingsblühern aus dem Zwiebelblumen-Sortiment ergänzt, wie Krokussen, Traubenhyazinthen, Tulpen, Narzissen und Co. Auch Zweijährige wie Stiefmütterchen oder Vergissmeinnicht eignen sich prima zu diesem Zweck. Im Herbst sorgen vor allem Gehölze mit ihrem bunten Laub noch lange über die Blütezeit der Stauden hinaus für Farbe.

Sommerblumen als Ergänzung

Natürlich dürfen auch einjährige Sommerblumen Stauden in der Rabatte begleiten. Einjährige sind Pflanzen, die jedes Jahr im Frühjahr neu ausgesät oder als Jungpflanzen gekauft und eingepflanzt werden. Im Herbst sterben sie mit den ersten Frösten ab. Es sind meist prächtige Dauerblüher, die den Sommer kolorieren, wie Tagetes, Löwenmäulchen oder Begonien. Sie haben ähnliche Ansprüche wie Beetstauden und teilen daher gern ihren Lebensraum. Ihre häufig grelleren Farben erfordern aber etwas Geschick in der Farbabstimmung.

Links: *Die bezaubernde Sonnenbraut-Sorte 'Chelsea' mit ihren flammenden Farben geht hier mit dem Wiesenknopf ein hochsommerliches Tête-à-Tête ein.*

Rechts: *Herbststimmung im Garten: Dahlien und das Lampenputzergras 'Cassian's Choice' schimmern in den flachen Strahlen der Septembersonne.*

Stauden pflanzen und pflegen

Sobald Sie die Standorte in Ihrem Garten bestimmt und die dazu passenden Stauden auch nach gestalterischen Gesichtspunkten ausgewählt haben, geht es an den Einkauf der Pflanzen. Größere Gartencenter und Gärtnereien führen in der Regel auch ein kleines Sortiment an Staudenklassikern. Sucht man allerdings bestimmte Sorten mit speziellen Eigenschaften, wird man meist nur bei spezialisierten Staudengärtnereien fündig (→ Seite 140, Adressen). Solche Betriebe versenden ihre Ware in der Regel bundesweit per Post.
Stauden werden fast alle in Töpfen angeboten – mit Ausnahme von beispielsweise Pfingstrosen und Bart-Iris. Gute Qualität erkennt man an einem gut durchwurzelten Ballen. Zu den Hauptpflanzzeiten Frühjahr und Herbst zeigen die Pflanzen kaum oberirdische Teile. Das ist ganz normal, denn Stauden ziehen ja auch im Beet im Winter ein. Im Grunde kann man getopfte Stauden während der ganzen Saison pflanzen, jedoch sind die Anwachsbedingungen während der heißen Sommermonate oder wenn sich die Pflanzen bereits in der Blüte befinden, nicht so günstig. Im Herbst – September und Oktober, bei milder Witterung auch noch November – können sie dagegen zunächst alle Kraft auf das Einwurzeln konzentrieren. Vor allem für Frühlingsblüher ist dies die optimale Pflanzzeit. Herbstblüher und winternässeempfindliche Arten wie Gräser und Kräuter pflanzt man besser im Frühjahr. Im wärmer werdenden Boden fassen sie leichter Fuß und können bis zur kräftezehrenden Blütezeit Ballen und Triebe in Ruhe aufbauen.

Gute Startbedingungen schaffen

Wird ein ganzes Beet neu angelegt, gräbt man nicht um, sondern lockert die gesamte Fläche mit Spaten und Grabegabel oberflächlich auf. Dabei entfernt man alle Unkräuter gründlich. So einfach wie jetzt geht das später zwischen den eingewurzelten Ballen nicht mehr. Auch Maßnahmen zur Bodenverbesserung kann man jetzt noch großflächig durchführen. In jedem Fall ist es gut, eine Lage Kompost auszubringen und oberflächlich in die Erde einzuarbeiten. Die organische Substanz optimiert die Bodenstruktur sowie den Nährstoff- und Wasserhaushalt des Untergrunds. Darüber hinaus kann man sehr schwere tonige Böden durch Untermischen von Sand, Kies oder Perlite lockerer und durchlässiger machen. Sehr leichte sandige Böden werden durch Zugabe von Gesteinsmehlen wie Bentonit etwas bindiger. Pflanzt man Arten mit unterschiedlichen Standortansprüchen zusammen ins Beet, kann man solche Verbesserungsmaßnahmen auch auf die einzelnen Pflanzlöcher beschränken und zum Beispiel bei Wolfsmilch-Arten und Lavendel Kies ins Pflanzloch mischen, bei Rittersporn aber mehr Kompost.
Zum Einpflanzen legen Sie die Stauden zunächst mit Töpfen auf der Rabattenfläche aus. Jetzt können Sie noch

1 ***Boden lockern:*** *Vor dem Einpflanzen lockern Sie die Erde mit Spaten und Grabegabel auf. Dabei entfernen Sie alle Unkräuter gründlich – achten Sie vor allem auf Wurzelunkräuter. Dann ziehen Sie die Oberfläche mit dem Rechen glatt.*

2 ***Kompost untermengen:*** *Damit die jungen Stauden gute Startbedingungen haben, arbeiten Sie eine Lage Kompost in die oberste Bodenschicht ein. Sie verbessert das Nährstoffangebot und optimiert den Luft- und Wasserhaushalt des Bodens.*

3 ***Pflanzen auslegen:*** *Verteilen Sie die Stauden mit Töpfen auf dem Beet. Nutzen Sie diese Gelegenheit, um letzte Korrekturen am Pflanzplan und an den Abständen vorzunehmen. Planen Sie Trittsteine ein, die später die Pflege erleichtern.*

Abstände korrigieren oder Plätze vertauschen. Danach beginnen Sie am hinteren Ende der Fläche mit dem Pflanzen und arbeiten sich nach vorne vor. Bodenverdichtungen, die durch die Pflanzarbeit entstehen, könnne Sie dann gleich wieder auflockern. Planen Sie auf sehr tiefen Rabatten im hinteren Teil einen kleinen Trampelpfad oder einzelne Trittsteine mit ein, dies erleichtert später die Pflegearbeiten.

Richtig in die Erde setzen

Bevor Sie die Pflanzen in die Erde setzen, tauchen Sie sie samt Topf komplett unter Wasser, bis aus dem Ballen keine Luftblasen mehr aufsteigen. Dann topfen Sie sie vorsichtig aus, indem Sie den Topf umdrehen, behutsam aufstoßen und den Ballen mit der anderen Hand auffangen. Ziehen Sie die Pflanze nie am Stängel aus dem Topf! Dann graben Sie mit der Handschaufel ein Loch, setzen den Ballen ein, schütten die Erde an und drücken sie leicht fest. Zuletzt mit reichlich Wasser einschlämmen.

4 ***Töpfe tauchen:*** *Ehe die Wurzeln ins umgebende Erdreich eindringen, beschränken sie sich auf den eigenen Ballen. Damit die Wasserversorgung für den Start reicht, tauchen Sie die Töpfe komplett ins Wasser, bis keine Blasen mehr aufsteigen.*

5 ***Stauden einpflanzen:*** *Graben Sie mit der Handschaufel ein Loch, das den Ballen bequem aufnimmt. Die Stauden sollten so tief in der Erde stehen wie zuvor im Topf. Dann austopfen, überlange Wurzeln kürzen, Ballen einsetzen und Erde anfüllen.*

6 ***Mit Wasser einschlämmen:*** *Dücken Sie die Erde um den Ballen mit den Fingern leicht an und schlämmen Sie sie mit dickem Wasserstrahl gut ein. So werden letzte Hohlräume im Boden zugespült, und die Wurzeln haben guten Bodenschluss.*

Gießen, jäten und düngen

Im ersten Standjahr sind die Lücken zwischen den jungen Stauden noch groß, und ein relativ großer Teil des Bodens bleibt unbedeckt. Diese sonnigen Plätzchen auf lockerer, gut gedüngter Erde gefallen natürlich auch Unkräutern. Deshalb gehört das Jäten im ersten Jahr zu den regelmäßigen Pflegeaufgaben. In späteren Jahren bedecken dann die Stauden mit ihren Blättern den Boden für die längste Zeit des Jahres. Auch regelmäßiges Wässern muss im ersten Jahr gewährleistet sein, schließlich müssen die Jungpflanzen erst ihr Wurzelwerk aufbauen. Später braucht man Stauden meist nur im Sommer während anhaltender Hitzeperioden zu gießen. In den übrigen Jahreszeiten genügen die natürlichen Niederschläge. Wie oft man gießen muss, hängt aber auch vom vorhandenen Boden und den Ansprüchen der jeweiligen Stauden ab. Ein Kiesbeet erfordert weniger Gießaufwand als eine Prachtstaudenrabatte. Gießen Sie grundsätzlich nur in den kühlen Morgen- oder Abendstunden. Dann kann das Wasser in den Boden einsickern, ehe es an der heißen Luft verdunstet. Außerdem verursacht leitungskaltes Wasser auf sonnenerhitzten Blättern bei manchen Staudenarten einen regelrechten Schock. Mehltauempfängliche Arten wie Phlox oder Indianernessel sollte man bevorzugt morgens wässern, damit das Laub rasch abtrocknet und dem Pilz weniger Chancen bietet, sich auszubreiten.

In den Folgejahren gibt man der Pflanzung stets zum Austrieb im Frühjahr eine Düngergabe und lockert den Boden. Ideal ist eine rund 2–3 cm hohe Schicht Kompost, die im Wurzelbereich oberflächlich eingearbeitet wird. Alternativ kann man auch handelsübliche organische Präparate oder Langzeitdünger ausbringen. Wie Kompost stellen sie ihre Nährstoffe den Pflanzenwurzeln langsam nach und nach zur Verfügung, da die Nährstoffe erst von Bodenorganismen aufgeschlossen werden müssen. Dies entspricht dem tatsächlichen Bedarf der Pflanzen am besten. Mineraldünger lösen sich im Bodenwasser auf und sind damit sehr schnell verfügbar, werden allerdings auch sehr schnell ausgewaschen oder in tiefere Bodenschichten verlagert. Sie sollten daher mit Bedacht verwendet werden. Treten allerdings Mangelerscheinungen an bestimmten Pflanzen auf, sind sie die Mittel der Wahl, weil sie rasch Abhilfe schaffen. Sehr laubreichen und großblättrigen Arten gibt man im Frühjahr zusätzlich zum Kompost eine Handvoll Hornspäne in den Wurzelbereich. Dies sorgt für eine ausreichende Stickstoffzufuhr, die für den Aufbau der Grünmasse notwendig ist.

Sinnvolle Schnittmaßnahmen

An sich gedeihen Stauden auch ohne unser Zutun viele Jahre lang. Doch Erscheinungsbild und Blütenreichtum lassen sich durch einen Schnitt optimieren. Bei einigen Arten, zum Beispiel Sommersalbei, Katzenminze oder Rittersporn, kann man eine zweite Blüte im Herbst anregen, wenn man die Pflan-

1 ***Düngung:*** *Abgesehen von wenigen Asketen tut allen Stauden eine jährliche Düngung zum Austrieb gut. Kompost, Hornspäne oder organische Langzeitdünger geben Nährstoffe pflanzengerecht nach und nach an die Wurzeln ab.*

2 ***Rückschnitt:*** *Abgestorbene Staudentriebe schneiden Sie bodennah ab. Dies können Sie im Spätherbst oder im Frühjahr erledigen. Gräser und Stauden mit dekorativen Winter-Silhouetten kappt man erst vor dem Austrieb.*

3 ***Teilen:*** *Bei manchen Stauden und Gräsern empfiehlt es sich, sie nach einigen Standjahren auszugraben und den Wurzelballen zu teilen. Oft benötigen Sie dazu den Spaten. Die Teilpflanzen setzen Sie an verschiedenen Stellen neu ein.*

zen nach der Hauptblüte bodennah zurückschneidet. Sie treiben dann neu durch, bilden wieder kompakte Horste und setzen neue Blüten an. Eine zusätzliche Düngergabe unterstützt sie dabei. Bei anderen Arten wie Taglilien und Sonnenbraut empfiehlt es sich, verwelkte Blütenstände laufend einzeln herauszuschneiden. Das erspart der Pflanze die kraftraubende Samenbildung, und sie entwickelt schneller weitere Blüten. Bei einigen Stauden wie Phlox dient diese Maßnahme auch dazu, die Selbstaussaat der Pflanzen zu verhindern. Denn Sämlinge laufen nicht nur an Stellen auf, an denen man sie nicht haben will, sie zeigen häufig auch andere Eigenschaften – zum Beispiel kleinere oder anders gefärbte Blüten – als die Ausgangssorte. Obendrein neigen sie dazu, diese schnell zu überwuchern.

Da Stauden über den Winter oberirdisch absterben, müssen die vertrockneten, verwelkten Stängel und Triebe zum Saisonwechsel stets abgeschnitten werden. Man kann dies im Herbst oder auch erst im Frühjahr tun. Spätblüher mit dekorativen Blüten- oder Samenständen wie Fetthenne und vor allem Gräser sollte man über den Winter stehen lassen. Sie sehen mit Raureif überzuckert oder unter Schneehauben immer noch ausgesprochen hübsch aus und beleben den sonst winterlich kahlen Garten.

Hohe Arten und Sorten stützen

Die besonders hohen Vertreter im Staudenreich wie Rittersporn oder Sonnenauge sind mitunter nicht ganz standfest. Auch Arten mit besonders großen und schweren Blüten – etwa Pfingstrosen oder Dahlien – neigen sich unter dieser Last oft zu Boden. Um die Blüten genießen zu können und das typische Erscheinungsbild in der Rabatte zu erhalten, empfiehlt es sich, sie an Stäben aufzubinden. Binden Sie die Horste aber nicht wie einen »Blumenstrauß« zusammen – das wird diesen herrlichen Prachtstauden nicht gerecht. Inzwischen gibt es im Gartenfachhandel viele Modelle von Staudenringen und -stützen, die im Beet wenig auffallen und leicht zu handhaben sind (→ Foto links). Mit ihnen können Sie den Pflanzen so Halt geben, wie es ihrer natürlichen Wuchsform entspricht.

Winterschutzmaßnahmen

Alle bei uns heimischen Stauden sind auch ausreichend winterhart. Es werden jedoch auch einige Arten aus fernen Erdteilen gehandelt, die sich zum Teil über etwas Winterschutz freuen. Beispiele hierfür sind mediterrane Kräuter und etliche Gräser. Letztere sind oft gar nicht so sehr frostempfindlich, sondern vielmehr durch Nässe im Winter gefährdet. Wie auch immer – decken Sie winterempfindliche Arten im Herbst mit einer dicken Lage trockenen Falllaubs ab und legen Sie etwas Fichtenreisig obenauf, das vor dem Verwehen schützt. Zum Austrieb im Frühjahr kann alles wieder entfernt werden.

Nach Jahren teilen und verjüngen

Manche Stauden wie der Rittersporn sind kurzlebig und verschwinden nach drei, vier Jahren von selbst aus dem Beet. Andere wie Pfingstrosen wollen in Ruhe gelassen werden, dann werden sie an ihrem Standort Jahrzehnte alt. Viele jedoch, wie etwa die Bart-Iris, werden mit der Zeit immer größer, breiten sich zu sehr aus oder werden blühfaul. Diese sollte man alle paar Jahre komplett ausgraben, den Ballen teilen und an verschiedenen Stellen neu einsetzen.

Staudenklassiker in Szene setzen

Ob extravagant wie Euphorien, majestätisch wie Rittersporn oder üppig wie Dahlien: Jede Staude hat ihre Reize und taugt zur Königin im Beet.

Extravagante Euphorbien

Dieser formenreichen Gattung gehören einige sehr charakterstarke Staudenpersönlichkeiten an, aber auch asketische »Mauerblümchen«.

Rechts: *Straff aufrecht überragt der mächtige Horst einer Palisaden-Wolfsmilch die Tulpen im Beet und blüht bereits im Frühjahr mit ihnen um die Wette.*

Unten: *Schon im April darf man dieses bezaubernde Frühlingstrio bewundern. Es besteht aus einer Viridiflora-Tulpe, einem weißen Tränenden Herz und der Mandelblättrigen Wolfsmilch.*

Euphorbien sind immer wieder für Überraschungen gut. Unter den rund 2000 Arten dieser Gattung findet man eine Fülle unterschiedlichster Erscheinungsformen, über deren enge botanische Verwandtschaft man oft nur staunen kann. Gehölze wie der Weihnachtsstern gehören ebenso dazu wie viele kakteenartige Sukkulenten oder kurzlebige einjährige Arten. Von den Stauden-Euphorbien haben einige inzwischen den Weg in unsere Gärten gefunden – wenn auch noch längst nicht in dem Maße, wie sie es verdienten. Denn die Liste ihrer Vorzüge ist lang: Die meisten schmücken sich mit dekorativen blaugrünen bis graublauen Blättern, die oft sogar wintergrün sind, sowie mit einer außergewöhnlich langen Blüte. Zudem empfehlen sie sich durch sehr bescheidene Ansprüche an Boden und Pflege. Außerdem sorgen sie jedes Frühjahr für Überraschungen: Während die Staudenverwandtschaft noch mit dem Austrieb beschäftigt ist, erfreuen die ersten Euphorbien bereits im März und April mit strahlend gelben Blüten.

Trickreiche Blüte – früh im Jahr

Allein diese frische Farbe macht sie einem nach dem langen, kahlen Winter sympathisch. Euphorbien blühen in einem außergewöhnlich kühlen Gelb, das oft sogar zu Limonengrün tendiert und von kaum einer anderen Pflanze geboten wird – eine echte Bereicherung in der Rabatte. Dort wetteifern sie zu dieser Zeit vor allem mit Zwiebelblumen sowie ein- und zweijährigen Frühblühern. Im Foto rechts liegt der Palisaden-Wolfsmilch (*Euphorbia characias* subsp. *wulfenii*) ein Meer aus pinkfarbenen Tulpen *(Tulipa)* zu Füßen. Es sind die Tulpen-Sorten 'Queen of Marvel', 'Attila', 'China Pink' und 'Valentine', ergänzt durch dunkelroten Goldlack (*Erysimum cheiri* 'Blood Red'), Vergissmeinnicht *(Myosotis)* sowie diverse Gräser. Der Ausdruck »blühen« trifft die Tatsachen allerdings nicht ganz. Die eigentlichen Blüten der Euphorbien sind nämlich winzig, grün und unscheinbar. Was so herrlich attraktiv leuchtet, sind die sogenannten Brakteen – gefärbte Hochblätter, die Insekten zur Bestäubung anlocken sollen. Diesem kleinen Trick der Natur verdanken Euphorbien ihre ungewöhnlich lange »Blütezeit«, denn die Hochblätter behalten ihre Leuchtkraft, auch wenn die eigentliche Blüte schon längst vorüber ist.

Rechts: *Mediterranes Flair versprüht dieser Kiesgarten, dem Gold-Wolfsmilch (vorne) und Palisaden-Wolfsmilch zwischen blauer Katzenminze und gelbrandiger Yucca ihren limonen-grünen Stempel aufprägen.*

Unten: *Ein bezaubernder Asket ist die Walzen-Wolfsmilch, die im Garten willig Problemstandorte erobert. Hier vermittelt sie zwischen Treppenfugen und Bergenien.*

Verschiedene Standortvorlieben

Die meisten Garten-Euphorbien sind in Südeuropa, Nordafrika oder Mittelasien zu Hause. Ihre blaugrauen Blätter verraten auf den ersten Blick, wie ihr Standort auszusehen hat. Die Farbe beruht auf einem dünnen Wachsüberzug, der die Pflanzen vor Verdunstung und zu hoher Sonneneinstrahlung schützen soll. Dies ist ein Hinweis darauf, dass an den Heimatstandorten Sonne, Hitze und oft auch trockene Böden vorherrschen. Viele Arten stammen aus Steppengebieten, Schotterfluren oder von steinigen Felshängen rund um das Mittelmeer. Diese Herkunft prädestiniert sie für den Einsatz in Trockengärten aller Art.

Einige besiedeln jedoch lichte Wald- oder Waldrandlagen und bevorzugen halbschattige Plätze, allen voran die aus dem Himalaya stammende Feuer-Wolfsmilch *(E. griffithii)*. Sie blüht von Mai bis Juni und wird rund 80 cm hoch. Farblich ist sie eine Ausnahme: Ihre Hochblätter strahlen orangerot (→ Seite 32, Foto links). Bei der Sorte 'Fireglow' verfärben sich im Herbst außerdem die Blätter orange. Auch die Mandelblättrige Wolfsmilch *(E. amygdaloides)* brilliert mit purpurroter Herbstfärbung. Sie blüht bereits ab März und wird 40–50 cm hoch. Die Gold-Wolfsmilch *(E. polychroma)* entwickelt ihre kompakten, 30–50 cm hohen, fast halbkugeligen Horste sowohl im Halbschatten als auch an sonnigen Plätzen und schmückt sich ab April mit flachen, hellgelben Blütenschirmen. Sie fühlt sich am Gehölzrand ebenso wohl wie auf Freiflächen oder im Steingarten.

Genügsame Schönheiten für den Trockengarten

Für die Gartengestaltung ist vor allem die hohe Trockentoleranz der meisten Euphorbien-Arten wertvoll. Wo andere Stauden wegen Wasserknappheit und Nährstoffarmut aufgeben, laufen Wolfsmilchgewächse erst zu Hochform auf. Ihre Genügsamkeit macht sie wie geschaffen für den Einsatz auf schwierigen Standorten. Die Verwendung hängt dabei auch von Wuchsform und Größe der einzelnen Arten ab.

Für Steingärten, Fugen und Ritzen

Klein bleibende Euphorbien zieren Steingärten und Trockenmauern, schmücken Plattenfugen und Treppenritzen. Neben der bereits erwähnten Gold-Wolfsmilch eignet sich vor allem die Walzen-Wolfsmilch *(E. myrsinites)* für diese Rolle (→ Foto links). Ihr deutscher Name leitet sich von den walzenförmigen Trieben ab, an denen sich spiralig die derben, fleischigen, fast dreieckigen, blaugrauen Blätter anordnen. Die ganze Pflanze wird nur 15–25 cm hoch, aber bis zu 60 cm breit. Im Foto-Beispiel lockern die niederliegenden Triebe die strengen Treppenränder auf und stellen einen sanften Übergang zu den großen Bergenienblättern her. Beide Pflanzen sind wintergrün und verleihen daher dieser Treppe das ganze Jahr über einen grü-

nen Saum. Der kalkhaltige Kies als Treppenbelag bietet der Walzen-Wolfsmilch genau die Bodenverhältnisse, die sie liebt: sehr durchlässig, steinig und kalkhaltig. Die fleischigen, dunkelgrünen Bergenienblätter, die sich im Herbst auch noch rötlich verfärben, liefern ganzjährig einen aparten Kontrast zum bläulichen Euphorbienlaub.

Stars für Steppengärten und Kiesbeete

Die höheren Euphorbien-Arten können in Kies- oder Steppenbeeten sowie in sehr sonnigen Rabatten auf sandigen Böden spielend die Funktion der Leitstauden übernehmen. Die Palisaden-Wolfsmilch ist mit ihren 80–120 cm hohen, wuchtigen Horsten und den walzenförmigen, bläulich belaubten Trieben eine wahrhaft imposante Erscheinung, der kein Beetpartner so leicht die Schau stiehlt. Sie blüht bereits ab April grünlich-gelb, und ihre Hochblätter bleiben bis in den Juli hinein attraktiv. Da ihr Laub wintergrün ist, verleiht sie sogar in der kalten Jahreszeit Staudenbeeten Struktur. Allerdings entfaltet der Halbstrauch vor allem in Weinbauregionen sein volles Potenzial. In winterkühleren Gebieten braucht er etwas Winterschutz. Man sollte vor allem die Basis der Staude vor Vernässung schützen.

In obigem Kiesgarten-Beispiel hat Palisaden-Wolfsmilch ihren Blütenzenit bereits überschritten und die Funktion als grünlich-gelbe Leitstaude an die Gold-Wolfsmilch im Beet-Vordergrund abgegeben. Dennoch prägen beide Euphorbien, die an verschiedenen Stellen im Garten immer wieder auftauchen, mit ihren Grüntönen maßgeblich das Erscheinungsbild. Die gelb gerandete

Die besten Begleiter

Im Halbschatten: Akelei, Bergenien, Frauenmantel, Purpurglöckchen, Tränendes Herz, Traubenhyazinthen, Tulpen

In der Sonne: Bart-Iris, Bergenie, Federgras, Fetthenne, Gartensandrohr, Katzenminze, Lavendel, Sommersalbei, Türkenmohn, Yucca

Auf Trockenmauern und in Steingärten: Blaukissen, Schleifenblume, Teppich-Phlox, Wildtulpen

Yucca (*Yucca gloriosa* 'Variegata') unterstützt das Farbspiel mit ihren schwertförmigen Blättern. Das große Meer aus blauer Katzenminze sorgt dagegen für einen belebenden farblichen Kontrast. Diese anspruchslose Staude gehört wie die Euphorbien zu den asketischen Schönheiten, die dennoch zuverlässig und üppig blühen – unverzichtbar in trockenen Beeten. Mohn, Bart-Iris, Trockengräser und Bergenien ergänzen diesen Kiesgarten. Die Beetränder sind geschwungen, die Übergänge zwischen Wegen und Beeten fließend, was dem Garten etwas sehr Natürliches verleiht. Er wirkt, als wäre ein Flusslauf vorübergehend ausgetrocknet und hätte seine Kiesel hinterlassen, um sich im nächsten Frühjahr wieder mit Wasser zu füllen – so wie es in sommerheißen mediterranen Landschaften gang und gäbe ist.

Euphorbien für die Hochsommer- und Herbstsaison

Obwohl das Gros der Euphorbien zu den Frühblühern gehört, gibt es eine, die erst aufblüht, wenn alle anderen verblühen: die Steppen-Wolfsmilch *(E. seguieriana)*. Sie fungiert bis in den Oktober als Farbgeber in Steppengarten und Kiesbeet, in Rabatten vor heißen Südwänden oder in trockenen Hang- und Terrassenlagen. Diese Euphorbie wirkt wie ein riesiger Blumenstrauß, denn die filigran bläulich belaubten Stängel wachsen straff aufrecht und sind kaum verzweigt. Sie bilden buschige, fast halbkugelige Horste von 50–70 cm Höhe, die ab Juli von breiten, limonengelben Blütendolden gekrönt werden.
Wie erfrischend ihre Wirkung im Hochsommerbeet ist, zeigt das Beispiel auf

Links: *Die 60–80 cm hohe Feuer-Wolfsmilch 'Dixter' schmückt sich ganzjährig mit rötlichem Laub. Andere Sorten dieser Art erröten erst im Herbst. Die orangeroten Blüten erscheinen von Mai bis Juli.*

Rechts: *Geballte Euphorbien-Pracht bringen hier Palisaden-Wolfsmilch (vorne), Feuer-Wolfsmilch (Mitte) und Sumpf-Wolfsmilch (E. palustris, im Hintergrund) ins Beet.*

Seite 33 links. Die mächtigen Kuppeln erheben sich hier zwischen Lavendel (*Lavandula angustifolia* 'Munstead'), der Katzenminze (*Nepeta* × *faassenii* 'Six Hills Giant') und dem Riesen-Federgras *(Stipa gigantea)*. Die Beschränkung auf zwei Blütenfarben in diesem Trockenbeet verleiht dem Ganzen enorme Eleganz. Jenseits der Blütezeit bereichern Euphorbien mit ihrem bläulichen Laub die Beete und stehen im Kontrast zu Hochsommerblühern (→ Seite 33, Foto rechts). Den Herbst verschönern viele Feuer-Wolfsmilch-Sorten zudem mit rötlich verfärbenden Blättern.

Die wichtigsten Pflegehandgriffe

Die meisten Euphorbien sind ausgesprochen pflegeleicht. Meist genügt es, zum Saisonwechsel die vertrockneten Triebe abzuschneiden. Steht die Feuer-Wolfsmilch zu schattig, bildet sie viele Ausläufer. Diese sticht man von den Rändern her mit dem Spaten ab. Die Walzen-Wolfsmilch verkahlt oft an der Basis älterer Stängel. Deshalb schneidet man alle drei Jahre gleich nach der Blüte zu lange Triebe auf kurze Stücke zurück. So bilden sich neue Blattrosetten.
In kühlen Regionen hilft man der Palisaden-Wolfsmilch alle Jahre und der Feuer-Wolfsmilch im ersten Standjahr mit einem Winterschutz über die frostige Jahreszeit. Häufeln Sie trockenes Falllaub an die Pflanzenbasis und decken Sie es mit Fichtenreisig ab.
Vorsicht: Alle Euphorbien enthalten einen weißlichen Milchsaft, der giftig ist und Hautreizungen verursachen kann. Tragen Sie deshalb bei Pflegearbeiten stets Handschuhe.

Links: *Als prachtvoller Sommerblüher profiliert sich die Steppen-Wolfsmilch zwischen Lavendel, Katzenminze und Riesen-Federgras. Sie blüht auf, wenn die meisten anderen Euphorbien verblühen.*

Rechts: *Die Palisaden-Wolfsmilch ist im Spätsommer zwar schon abgeblüht, bereichert Beete aber noch mit ihren dekorativen blaugrün belaubten Trieben.*

Farbenfrohe Bart-Iris

Tausende von Sorten in allen Farben des Regenbogens bietet diese Staude. Sie fällt auf durch ungewöhnliche Blütenform und schwertartige, graue Blätter.

Unten: *Die graugrünen Schwertblätter der Bart-Iris korrespondieren perfekt mit dem Silberlaub der Edelraute; im Hintergrund betreiben weißer Zierlauch und Akelei Schwarz-Weiß-Malerei.*

Wer eine Bart-Iris für den Garten sucht, hat wirklich die Qual der Wahl. Seitenlang listen die Kataloge der Staudengärtnereien die Sorten auf, und je mehr man blättert, desto schwerer fällt die Entscheidung. Denn eine ist schöner als die andere. Als praktischer Schlüssel zur Annäherung kann die Lieblings- oder Wunschfarbe dienen. Sie filtert aus dem zigtausend Varietäten umfassenden Sortiment schon einmal einen übersichtlicheren Sektor heraus, der immer noch genügend Auswahl bereithält. Dabei gibt es bei der Farbwahl fast keine Tabus, denn Bart-Iris gibt es in nahezu allen Nuancen – die Palette reicht von Weiß über Gelb, Orange, Rotbraun, Schwarzrot, Purpur bis Violett und Klarblau, nur Blutrot fehlt. Darüber hinaus gibt es zweifarbige Sorten, und jährlich ergänzen Züchter neue aufregende Farbtöne. Die Benennung dieser Pflanze nach Iris, der altgriechischen Göttin des Regenbogens, könnte daher wirklich gar nicht treffender sein.

Bei der Bezeichnung Iris denken viele zuerst an die gelbe Sumpf-Iris *(Iris pseudacorus)*, die nur am oder im Wasser gedeiht. Andere haben die herrlich leuchtend blaue Wiesen-Iris *(Iris sibirica)* vor Augen oder die zauberhaften zierlichen Zwiebel-Iris *(I. reticulata, I. danfordiae)*, die Steingärten verschönern. Rund 300 Arten zählt die Gattung *Iris* insgesamt. Für unsere Gärten sind auch Japanische Wasser-Iris *(I. ensata)* sowie die bartlosen Steppen-Iris *(I. spuria)* von Bedeutung. Doch die unangefochtenen Stars in Beet und Rabatte sind die Bart-Iris.

Von der stolzen Bourbonenlilie zu Gärtners Lieblingsstaude

Bis vor Kurzem waren Bart-Iris noch unter der Bezeichnung *Iris* Barbata-Hybriden im Handel und wurden in folgende drei Gruppen unterteilt: Elatior-Hybriden mit einer Wuchshöhe von mehr als 70 cm, Media-Hybriden mit Größen zwischen 40 und 70 cm sowie Nana-Hybriden, die nur 40 cm hoch werden.

Neuerdings unterscheidet man nur noch die *Iris* Pumila-Gruppe, der Sorten mit weniger als 40 cm zugerechnet werden, sowie die *Iris* Germanica-Gruppe, der alle höheren Sorten angehören. Diese stattlichen und prachtvollen Vertreter gehören heute zu den Lieblingsstauden vieler Gärtner, weil sie auffällige Pflanzen-Persönlichkeiten darstellen. Allein ihr schwertförmiges, steif aufrecht stehendes, blau- bis graugrünes Laub wird zum Hingucker in jedem Garten – und das rund ums Jahr, denn es ist wintergrün. Ihm verdanken die Bart-Iris auch ihren weiteren deutschen Namen: Schwertlilien.

Die Blüten erscheinen je nach Sorte von Mai bis Juli und tragen teilweise außergewöhnliche Farben. Und nicht zuletzt ist der Bau der Blüte beispiellos. Während sich die äußeren Hängeblätter nach unten neigen, stehen die inneren, die sogenannten Domblätter, aufrecht oder ausgebreitet. Auf der Wölbung der Hängeblätter zeigen sich die bartähnlichen Staubgefäße, die für die Namensgebung verantwortlich sind. Oft tragen Hänge- und Domblätter unterschiedliche Farben oder Tönungen, und oft treten außerdem Flecken oder Maserungen in anderen Farben auf den Blütenblättern auf (→ Foto oben links).

Schon in früheren Zeiten faszinierte dieses außergewöhnliche Aussehen. So ist die Schwertlilie seit 1179 Wappenblume Frankreichs und seiner Könige und wird nach dieser Dynastie auch Bourbonenlilie genannt. In der Symbolik steht das Iris-Blatt für das kampfbereite Schwert und die Blüte für das reine, unschuldige Herz.

In der Gartenkultur ist die Bart-Iris eigentlich sehr unkompliziert, solange nur der Standort passt. Während große Teile der Iris-Verwandtschaft feuchten Untergrund lieben, verabscheut die Bart-Iris Staunässe jeder Art. Ein gut durchlässiger, am besten sandiger, kalkhaltiger Boden ist unabdingbare Voraussetzung für gutes Gedeihen. Dann darf das Wasserangebot von trocken bis frisch variieren. Ein vollsonniger, warmer Platz ist außerdem willkommen, es darf sogar richtig heiß werden.

Heiß und trocken? Kein Problem!

Besonders gut bewähren sich Bart-Iris auf humusarmen, mineralischen Böden. Der Untergrund darf sogar steinig sein und vorübergehend austrocknen. Das steckt die Bart-Iris locker weg. Schließlich sind ihre fleischigen, graugrünen Blätter gut gegen Verdunstung geschützt,

Links: *Die zweifarbige Bart-Iris 'Hellcat' und der Zierlauch 'Purple Sensation' ergänzen sich gelungen Ton in Ton. Sehr schön ist hier am Ansatz der Hängeblätter der sogenannte Iris-Bart – die Staubgefäße – zu erkennen.*

Rechts: *Die »schwarze« Bart-Iris 'Langport Wren' wird rund 70 cm hoch. Zusammen mit der tiefvioletten Lupine 'Masterpiece' bildet sie zu Zierlauch und Kreta-Nessel – beide in Weiß – einen klaren Kontrast.*

Rechts: *In der Gesellschaft von Trockengräsern – hier Engelshaar – passen Bart-Iris auch in naturnahe Gartenpartien mit steppenhaftem Charakter.*

Unten: *'Charming' heißt die aprikotfarbene Bart-Iris und macht ihrem Namen alle Ehre. Sie setzt einen aparten Akzent neben dunkelblaue Wiesen-Iris, Zierlauch und Sommersalbei.*

und die Rhizome unter der Erde sind effektive Speicherorgane, die über Stresszeiten hinweghelfen. In Trockengärten, Kiesbeeten oder mediterranen Pflanzungen fühlt sich die Bart-Iris daher ausgesprochen wohl. Dort passt sie prima in die Gesellschaft anderer silberlaubiger Asketen wie Heiligenkraut, Küchen-Salbei oder Weinraute.
Im Beispiel auf Seite 34 harmonieren ihre bereiften Schwertblätter wunderbar mit dem Silberlaub der Edelraute *(Artemisia)*, während Buchs *(Buxus sempervirens)* sein sattes Dunkelgrün dagegensetzt. Weißer Zierlauch (*Allium*-Hybride 'Mount Everest'), der ebenfalls sehr

durchlässige Böden schätzt, und die Schwarze Akelei *(Aquilegia atrata)* liefern im Hintergrund mit ihren Blütenfarben ein starkes Kontrastprogramm.
Trockengräser können ebenfalls aparte Iris-Begleiter sein, wie das Beispiel auf Seite 37 überzeugend zeigt. Mit ihnen lassen sich stimmungsvolle Steppengärten mit herrlich naturnahem Flair verwirklichen. In dieser Pflanzung umspielen die flauschig weichen Halme von Engelshaar *(Stipa tenuissima)* die orangefarbenen Blüten der Iris 'Cable Car'.

Das Gras bildet attraktive, rund 50 cm hohe »Haarschöpfe« und schmückt sich mit silbrig glänzenden Blütenrispen, die bogig-elegant überhängen. Es ist etwas kurzlebig, an zusagenden Standorten sät es sich jedoch selbst aus. Wer eine langlebigere Alternative bevorzugt, pflanzt besser das Pracht-Federgras *(Stipa pulcherrima)*. Seine Horste werden nur 30 cm hoch, die Blütenstände messen jedoch 100 cm.

Begehrte und seltene Farbtöne für die Rabatte

Die Bart-Iris entwickelt sich aber auch auf gehaltvolleren Böden zwischen Prachtstauden recht gut, solange für guten Wasserabzug und viel Sonne gesorgt ist. Für die Rabattengestaltung empfehlen sie sich vor allem wegen ihrer oft sehr ausgefallenen Blütenfarben. Mit ihnen lassen sich ungewöhnliche Farbkonzepte verwirklichen, die mit anderen Pflanzen kaum umzusetzen sind.

Hoch im Trend: Schwarz

Bei den Avantgarde-Gärtnern – besonders in England – sind (fast) schwarze Blütenfarben derzeit besonders gefragt. Sie kombinieren sie mit weißen Blühpartnern zu kontraststarken Bildern. Echtes Schwarz gibt es im Pflanzenreich jedoch nicht. Aber unter den Schwertlilien finden sich etliche Sorten, die diesem Ideal recht nahe kommen: Sie besitzen Blüten in nachtblauen, tiefvioletten oder schwarzroten Tönen. Das Foto auf Seite 35 rechts zeigt eine dieser trendigen Schwarz-Weiß-Pflanzungen. Die nachtdunkle Bart-Iris 'Langport Wren' bildet mit der tief dunkelvioletten Lupine (*Lupinus* 'Masterpiece') das »schwarze« Rückgrat dieses Beets und wird von Zierlauch und Kreta-Nessel *(Ballota pseudodictamnus)* – beide in strahlendem Weiß – beeindruckend konterkariert. Unterschiedliche Blütenformen beleben die Szene zusätzlich.

Kühles Blau und modisches Apricot

Das bei Gartengestaltern so beliebte und im Staudenreich so seltene reine Blau bieten Bart-Iris in vielen Varianten. Blau suggeriert Weite und Ferne und strahlt noble, kühle Distanz aus. Es lässt kleine Gärten größer wirken und ist für die Gestaltung daher besonders wichtig. Wo es für Rittersporn, den klassischen Blaublüher, zu sandig, trocken und heiß ist, werden Bart-Iris zum blauen Farbträger. Auch Modefarben früherer Jahre – Apricot und Orange – gibt es unter den Bart-Iris in breiter Palette zur Auswahl.
Das Pflanzbeispiel auf Seite 36 verbindet beide gärtnerischen »Lieblingsfarben«. Blau bringt in diesem Fall die Wiesen-Iris (*Iris sibirica* 'White Edge') ein, unterstützt von Sommersalbei (*Salvia nemorosa*) sowie dem Violett des Zierlauchs. Die apricotfarbene Bart-Iris 'Charming' sorgt für einen aparten Kontrast und bringt das Blau ihrer Partner besonders zum Leuchten.

Die wichtigsten Pflegehandgriffe

Die beste Pflanzzeit für Iris beginnt nach der Blüte. Ab August setzt man Rhizomstücke so flach ins Beet, dass sie nur knapp mit Erde bedeckt sind. Noch im selben Jahr treiben sie aus und überwintern mit jungen Blättern.
Nach der Blüte schneidet man abgeblühte Stängel ab. Im Frühherbst tut den Iris ein mineralischer Volldünger gut. Im Frühjahr entfernt man dann erfrorene und verbräunte Blätter, und etwa alle vier Jahre sollte man die Pflanzen teilen. Dazu gräbt man die Rhizome aus und schneidet sie mit dem Messer in Stücke, die man an verschiedenen Stellen neu einpflanzt.

Die besten Begleiter

In Trockengärten: Blauraute, Edelraute, Euphorbien, Heiligenkraut, Katzenminze, Küchen-Salbei, Lavendel, Weinraute, Wollziest sowie Trockengräser wie Blaustrahlhafer, Engelshaar, Herbst-Kopfgras, Pracht-Federgras
In Prachtstauden-Rabatten: Akelei, Buchs, Lupine, Sommersalbei, Türkenmohn, Zierlauch

Prachtvolle Pfingstrosen

Riesige Blüten, teils einfach, teils opulent gefüllt und nicht selten von bezauberndem Duft sowie üppige, sattgrüne Blatthorste sind ihr Markenzeichen.

Rechts: *Die Sortenvielfalt der Pfingstrosen geht in die Tausende. Etliche, wie die hellrosa 'Sarah Bernhardt' (in der Mitte der Rabatte), duften sogar – hier begleitet von Zierlauch und Lavendel.*

Unten: *Päonien mit japanischer Blütenform sind oft zweifarbig. Die fransigen Blütenbänder in der Mitte bereichern das Farbspektrum um pastellige Cremetöne.*

Sie gehören zweifelsohne zu den Juwelen im Staudengarten. Die Größe der Blüten, die herrlichen Farben, der Duft und die voluminösen Horste rücken Pfingstrosen ins Rampenlicht der Gartenbühne. Zur Blütezeit im Mai und Juni spielen sie überzeugend die Hauptrolle in jedem Beet. Mit der Pracht und der Fülle ihrer Blüten, von denen eine einzelne es spielend auf 15–20 cm Durchmesser bringt, kann zu dieser Zeit nichts konkurrieren. Doch sie haben auch zu anderen Zeiten viel

zu bieten. Schon zum Saisonstart fallen sie ins Auge, denn aus den Knospen schieben sich zahlreiche knallrote, dicke Stängel straff nach oben. Man kann ihnen fast beim Wachsen zusehen: Vom Austrieb im April bis zu den ersten Blüten – bei vielen Sorten schon im Mai – vergehen nur wenige Wochen. In dieser Zeit baut sich eine buschige, reich belaubte Staude von 50–130 cm Höhe und nahezu gleicher Breite auf. Dunkelgrüne, doppelt bis dreifach gefiederte Blätter verleihen ihr enormes Volumen und ungeheure Präsenz im Beet, auch noch nach der Blütezeit. Im Herbst sorgen viele Sorten mit kupferrotem Laub sogar für einen zweiten Höhepunkt.
In der Gartengestaltung lassen sie sich auf vielerlei Weise einsetzen. Voraussetzungen sind stets ein sonniger Standort und ein lockerer, unverdichteter, am besten nährstoffreicher Gartenboden.

Traditionsreiche Vergangenheit

Kein Wunder, dass die Pfingstrose schon früh Einzug in Gärten hielt. In China kultiviert und züchtet man die Schöne schon seit mehr als 2000 Jahren. Die ersten Sorten dieser Chinesischen Pfingstrosen *(Paeonia lactiflora)* erreichten Europa im 18. Jahrhundert. Hier kannte man bis dahin nur die Gewöhnliche Pfingstrose *(Paeonia officinalis)*. Sie wurde in Kloster- und Bauerngärten vor allem als Heilpflanze kultiviert und als Mittel gegen Blähungen, Verstopfung, Krämpfe und Geburtsschmerz eingesetzt. Sie blüht bereits im Mai und damit etwas früher als die im Juni blühende chinesische Verwandte.
Inzwischen wurde jedoch mit beiden Gruppen so intensiv gezüchtet und es entstanden so viele Kreuzungen, dass die Unterschiede verschwimmen und man heute einfach von Edel-Pfingstrosen (*Paeonia* Lactiflora-Gruppe) spricht. Von diesen Stauden zu unterscheiden sind Strauch-Pfingstrosen (*Paeonia* Suf-

Links: *'Couronne d'Or' ist eine alte Sorte aus dem Jahr 1873. Sie duftet stark nach Rosen. Ihre schweren Blütenköpfe brauchen mitunter eine Stütze.*

Unten: *Pfingstrosen, Zierlauch und Pfirsichblättrige Glockenblumen zaubern typische Bauerngarten-Idylle. Letztere gibt es auch in Blau, sie würden hier ebenso eine gute Figur machen.*

frutticosa- und *Paeonia* Lutea-Gruppe), die stattliche Gehölze bilden und sich inzwischen wachsender Beliebtheit bei vielen Gärtnern erfreuen. Als Itoh-Sorten sind verschiedene Kreuzungen aus Strauch- und Stauden-Päonien im Handel, die immerhin noch an der Stängelbasis verholzen.

Ungeheure Sortenvielfalt

Das Sortiment der Edel-Pfingstrosen umfasst heute Tausende von Varietäten. Alle bilden breite Blütenschalen, die gefüllt, halbgefüllt oder einfach sein können. Einfache Blüten lassen in der Mitte einen großen Kreis von gelben Staubgefäßen erkennen. Die sogenannte Japanische Blütenform zeigt im Zentrum fransige Blütenbänder, die oft eine andere Farbe tragen als der äußere Blütenkranz (→ Seite 38, Foto). Sie bereichern die Sortenpalette um aparte zweifarbige Varianten, die im Beet besonders bezaubernd aussehen, wenn beide Farbnuancen von den Begleitern aufgegriffen werden. Insgesamt dominieren bei den Blütenfarben Rosatöne – von zartem Pastell bis zu kräftigem Karmin. Es gibt jedoch auch weiße sowie blut- und weinrote Sorten.

Unverzichtbar für ländlich-rustikale Gärten

Wer sich einen Bauerngarten anlegen möchte oder wenigstens einen Bereich seines Gartens unter dieses Motto stellt, für den sind Pfingstrosen ein Muss! Schon aufgrund ihrer Geschichte sind sie aus Kloster- und Bauerngärten nicht wegzudenken. Jahrhundertelang zierten sie buchsgesäumte Beete, bildeten den Mittelpunkt im klösterlichen Wegekreuz oder standen entlang rustikaler Holzzäune ländlicher Anwesen.

Zum Konzept bäuerlicher Gärten gehört die Mischung von Nutz- und Zierpflanzen. Gemüse, Kräuter und Blumen teilen sich den Garten, und es gilt das Prinzip: klotzen statt kleckern. Kaum ein Fleckchen Erde bleibt frei, und Blüten sollen möglichst groß sein und auch in der Vase etwas hermachen – Pfingstrosen lassen hier keine Wünsche offen. In Begleitung von Rosen und weiteren Prachtstauden wie Rittersporn, Phlox, Eisenhut, Astern, Dahlien und Chrysanthemen prägen sie den rustikalen, nostalgischen Charme, der »Bauerngärten«

Unten: *Mut zur Farbe beweist dieses Beet mit Päonien in kräftigem Rot, Rosa und Weiß. Violetter Pracht-Storchschnabel und gelber Frauenmantel ergänzen das Beet von Mai bis Ende Juni.*

bis heute so beliebt macht – auch bei Stadtgärtnern.

Romantisch und nostalgisch

Im Beispiel auf Seite 40 rechts zaubern Päonien herrlich romantisches Bauerngartenflair ins Beet. Verschiedene Sorten in Karminrot, Rosa und Weiß, vorne mit gefüllten, im Hintergrund mit einfachen Blüten, spielen mit den Tönen des gleichen Farbspektrums. Das gibt der Pflanzung bei aller Üppigkeit eine etwas dezentere und zurückhaltendere Ausstrahlung, als es sonst oft in ländlichen Gärten der Fall ist. Pfirsichblättrige Glockenblumen *(Campanula persicifolia)* in Weiß – eine typische Bauerngarten-Schönheit – und violetter Zierlauch *(Allium)* runden die Ton-in-Ton-Komposition stilecht ab. Die zierlichen Glockenblütchen an ihren aufrechten Blütentrauben lockern die Wucht der mächtigen Blütenbälle optisch gelungen auf. Ein grober Holzzaun bildet den perfekten Rahmen für diese Pflanzung. Pfirsichblättrige Glockenblumen gibt es auch in Blau. Sie blühen im Juni/Juli und sind damit auch ein zuverlässiger Begleiter für einmalblühende Alte Rosen. Diese würden obige Gestaltung im Übrigen stilistisch wie farblich ideal ergänzen. Sie blühen ebenfalls im Weiß-Rosa-Karmin-Farbspektrum, und ihre historischen Wurzeln reichen auch in die Kloster- und Bauerngärten vergangener Jahrhunderte zurück.

Farbintensive Kombination

Romantik hin oder her – in einem Bauerngarten darf es ruhig bunt zugehen. Blüten in allen Farben gehören durchaus zu den typischen Merkmalen. Blauvioletter Pracht-Storchschnabel *(Geranium × magnificum)* neben blutroten und zartrosa Pfingstrosen und dazwischen gelber Frauenmantel *(Alchemilla mollis)*, das ist Kontrastprogramm pur, wie die Pflanzung auf dem Foto oben zeigt. Was in anderen Gartensituationen vielleicht schnell als zu grell empfunden wird, ergibt in einem Bauern- oder Landhausgarten ein durchaus stimmiges, munteres Bild.
In obigem Beispiel unterstreichen einfache Päonienblüten, die an die Gewöhnliche Pfingstrose erinnern, den historisch bäuerlichen Ursprung dieser Gestaltungsidee. Hohe Pfingstrosensorten bilden das Rückgrat dieses geschwungenen Staudenwalls. Der Pracht-Storchschnabel erreicht 60 cm Höhe, lässt seine Triebe aber zum Beetrand hin herabhängen und mischt sie in die Horste des 30 cm hohen Frauenmantels. Diese Pflanzengemeinschaft würde sich auch im Halbschatten noch gut entfalten.

Die besten Begleiter

Im Bauerngarten: Alte Rosen, Astern, Buchs, Chrysanthemen, Dahlien, Eisenhut, Frauenmantel, Glockenblumen, Phlox, Rittersporn, Storchschnabel, Zierlauch
In sonnigen Rabatten: Bart-Iris, Bronze-Fenchel, Katzenminze, Lampenputzergras, Lavendel, Lichtnelken, Lupinen, Rittersporn, Sommersalbei, Storchschnabel
Im Halbschatten: Akelei, Astilbe, Fingerhut, Funkien, Nachtviole, Sterndolde

Links: *Sehr natürlich und weniger wuchtig wirkt der Mix von Pfingstrosen mit zarten Sterndolden, filigranem Bronze-Fenchel und schlankem Sommersalbei.*

Unten: *Im Halbschatten tritt Fingerhut als eleganter Päonien-Begleiter auf, hier zu 'Lady Alexandra Duff' (vorne) und 'Sarah Bernhardt' (hinten).*

Vielseitig in moderner Fasson

Nicht jeder kann sich für Bauerngarten-Atmosphäre begeistern – und sie passt ja auch nicht immer zur Architektur des Hauses. Macht aber nichts – Pfingstrosen erlauben viele gestalterische Alternativen auch mit ganz moderner Linie und zeitgenössischem Profil. Grundsätzlich sind sonnige Plätze für Pfingstrosen zu bevorzugen. Die Stauden entwickeln sich dann einfach üppiger und erweisen sich als deutlich blühfreudiger. Doch Päonien zeigen eine relativ gute Anpassungsfähigkeit an nicht optimale Standorte und kommen oft auch mit halbschattigen Lagen klar. Das heißt, Plätze, die wenigstens fünf Stunden am Tag volle Sonne genießen, bieten ausreichende Voraussetzungen. Wobei die Gewöhnliche Pfingstrose, von der es übrigens auch gefülltblühende Sorten gibt, etwas besser mit geringerer Sonnenausbeute zurechtkommt als Lactiflora-Hybriden.

Sonnige Gesellschaften

Oft tut es Päonien gut, wenn ihre Wucht durch filigranere Begleiter etwas gedämpft wird. Transparente Gräser, etwa Lampenputzergras *(Pennisetum alopecu-*

roides) oder Pflanzen mit fedrig feinem Laub wie Fenchel *(Foeniculum vulgare)* bringen etwas mehr Verspieltheit und Leichtigkeit ins Beet und geben dem Ganzen einen natürlicheren Anstrich (→ Seite 42, Foto oben).
Der klassische Platz für Pfingstrosen sind jedoch Schmuckrabatten oder Mixed Borders nach englischem Vorbild. Bewährte Begleiter in diesem prachtvollen Umfeld sind zum Beispiel Sommersalbei *(Salvia nemorosa)* und Rittersporn-Belladonna-Hybriden (→ Foto rechts), deren zierlicherer Wuchs und deren grazilere, locker verzweigte Blütenstände nicht die Wucht der hohen und kompaktblütigen Elatum- und Pacific-Hybriden entfalten, die den Bauerngarten prägen.
Alternativ schmeicheln auch Glockenblumen *(Campanula)* und Storchschnabel *(Geranium)* aller Art den Päonien. Zum einen wegen ihrer filigranen Triebe, zum anderen weil sie die Blütezeit mit ihnen teilen und viele Violett- und Blautöne beisteuern, die Pfingstrosenfarben herrlich untermalen. Doch auch Katzenminze *(Nepeta)* und Bart-Iris sowie die silberlaubigen Lichtnelken *(Silene coronaria)* überzeugen als glanzvolle Beetnachbarn.

Begleiter in halbschattigen Lagen

An Plätzen, die von hohen Gehölzen beschattet werden, ist Fingerhut *(Digitalis purpurea)* ein dekorativer Begleiter (→ Seite 42, Foto unten). Mit stattlichen 1–1,5 m Höhe überragt er die meisten Päonien-Sorten und setzt mit schlanken, aufrechten Blütenkerzen malerische Ausrufezeichen zwischen die breiten Horste und die ballförmigen Blütenschalen. Es gibt rosa, karminrote, weiße, gelbe und apricotfarbene Sorten.

Oben: *In Rabatten bilden Pfingstrosen mit ihren voluminösen Horsten oft das Rückgrat der Pflanzung. Hier mischen sich blaue Glockenblumen und grazile Rittersporn-Belladonna-Sorten dazwischen. Violetter Sommersalbei untermalt die höheren Stauden und blüht im Herbst noch einmal, dann begleitet von herbstlich verfärbtem Pfingstrosenlaub.*

Als schmucke Gesellschafter im Halbschatten erweisen sich auch Funkien (*Hosta*-Hybriden, → Seite 44/45). Aber auch Sterndolde *(Astrantia major)* und Akelei (*Aquilegia*-Hybriden) sind dort duftige Partner.

Die wichtigsten Pflegehandgriffe

Pfingstrosen lässt man am besten in Ruhe – ungestört werden sie von Jahr zu Jahr prachtvoller. Sie können am selben Standplatz Jahrzehnte alt werden. Muss man sie verpflanzen, was sie gar nicht mögen, macht man das im Herbst (ab September) und teilt dabei die fleischigen Rhizome in mehrere Stücke. Nur flach in die Erde setzen, sonst blühen die Pflanzen später nicht! In jedem Frühjahr gibt man Kompost oder einen Volldünger. Verblühte Blütenstängel schneidet man immer gleich zurück.

Eleganz in Weiß

Wer elegante Gartengestaltungen liebt, für den ist eine reinweiße Rabatte der ultimative Tipp. Dieses Pflanzbeispiel zeigt sehr schön, mit welcher Noblesse sich Pfingstrosen auch in dieses extravagante Thema einbringen.
Alle hier verwendeten Pflanzen blühen weiß. Nur das Grün der Blätter sorgt für Kontrast. Diese Beschränkung auf zwei Farben gibt dem Gesamtbild eine besonders stilvolle Note. Damit einfarbig jedoch nicht eintönig wirkt, müssen die Blüten- und Wuchsformen reichlich Abwechslung bieten.

Vielfältige Blütenformen

Deshalb lässt hier Hoher Zierlauch auf nackten Stängeln seine riesigen Blütenbälle über der Pflanzung schweben. Die schlanken Rispen der Nachtviole und die Kerzen des Fingerhuts setzen Ausrufezeichen neben die breiten Pfingstrosenschalen. Im Hintergrund winken die fedrigen Blütenbüschel der Astilben, und im Vordergrund erhebt der Sommersalbei seine weißen Blütenfinger. Für Vielfalt ist also gesorgt.
Die Steinmauer wird durch die Kletterrose geschickt in die Rabatte einbezogen und erhält einen dekorativen Blütenvorhang. Buchs und Funkie sorgen als Blattschmuckpflanzen dafür, dass die Rabatte auch außerhalb der Blütezeit attraktiv ist. Die weiß panaschierten Funkienblätter greifen geschickt die Blütenfarbe und damit das Thema der Gestaltung auf.
In diesem Beet beginnt es ab Mai zu blühen. Der Höhepunkt der Blütezeit ist Mai und Juni, wenn alle Beetpartner zugleich florieren. Astilbe und Kletterrose halten mitunter sogar bis Anfang Juli durch und bekommen dann Gesellschft von den zartlila Blütenstängeln der Funkie. Nur Sommersalbei und Beetrose erfreuen bis September mit ihrer weißen Pracht und werden dann von der Silberkerze unterstützt.
Die Mauer als Beetbegrenzung sorgt für ein sehr geschütztes Kleinklima, in dem die Pflanzen gut gedeihen.
Besonders die etwas empfindliche Nachtviole fühlt sich an diesem Standort wohl und verströmt allabendlich ihren intensiven Duft über die Szenerie. Nahe an der Wand und im hinteren Teil des Beets herrschen halbschattige Verhältnisse. Deshalb fühlen sich neben der Nachtviole hier Fingerhut, Astilben und Funkie wohl. Der vordere Beetteil ist stärker besonnt – hier herrschen Idealbedingungen für Pfingstrose, Zierlauch, Beetrose und Sommersalbei.

So geht man vor

Der Boden für diese Pflanzung sollte nährstoffreich sein. Gegebenenfalls bessert man ihn durch Zugabe von Kompost auf. Beginnen Sie mit dem Pflanzen an der Mauer und arbeiten Sie sich zum Beetrand hin vor. Doch bis das Ganze so aussieht wie auf dem Foto, dauert es mindestens zwei, drei Jahre. Gerade die Pfingstrose braucht etwas Anlaufzeit, bis sie ihre volle Pracht entfaltet. Den Buchs können Ungeduldige auch vorgezogen in allen Größen kaufen und pflanzen. Fingerhut und Nachtviole sind kurzlebig. Oft gedeihen sie nur zweijährig und müssen daher öfter nachgepflanzt werden. Alternativ könnte man hier auch hohe Astilbe-Sorten setzen oder auf sonnigeren Plätzen Rittersporn oder Glockenblumen.
Düngen Sie die Pflanzung in jedem Frühjahr vor dem Austrieb mit einer reichlichen Kompostgabe oder geben Sie einen organischen Langzeitdünger. Wer Schnecken im Garten hat, sollte den Austrieb der Funkien im Frühjahr unbedingt vor den gefräßigen Schleimern schützen, sonst haben sie keine Überlebenschance. Den Buchs gilt es in der letzten Juniwoche jährlich zu stutzen, damit er seine Form und Dichte behält. Ansonsten entfernt man lediglich alle abgeblühten Blütenstängel und sorgt in anhaltenden Trockenwetterperioden für Wassernachschub.

Pflanzplan
Beetgröße ca. 2,2 x 1 m

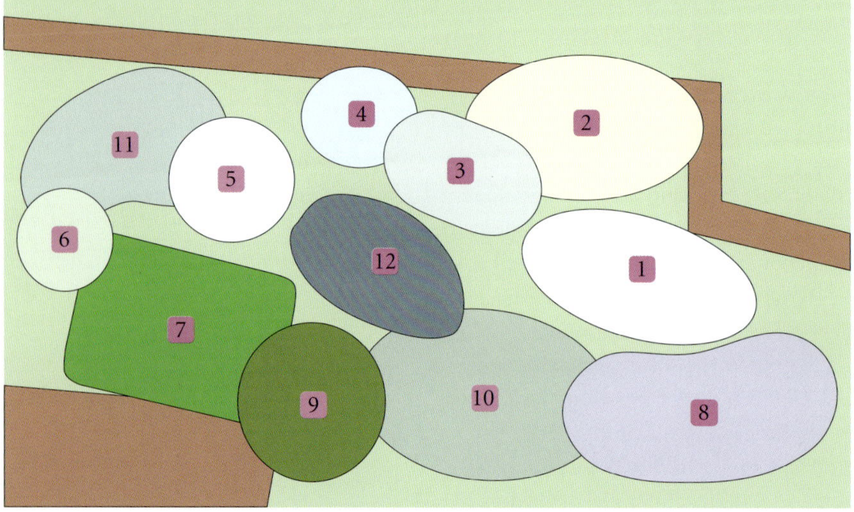

Pflanzliste

- 1 — 1 Pfingstrose (*Paeonia Lactiflora*-Hybride 'Krinkled White')
- 2 — 1 Kletterrose (*Rosa* 'Lykkefund')
- 3 — 2–3 Zierlauch (*Allium* 'Mount Everest')
- 4 — 2–3 Weiße Nachtviole (*Hesperis matronalis* 'Alba')
- 5 — 2–3 Weißer Fingerhut (*Digitalis purpurea* 'Alba')
- 6 — 1 Astilbe (*Astilbe Japonica*-Hybride 'Deutschland')
- 7 — 1–2 Buchs (*Buxus sempervirens*)
- 8 — 4–5 Sommersalbei (*Salvia nemorosa* 'Schneehügel')
- 9 — 1–2 Weiß panaschierte Funkie (*Hosta*-Hybride 'Francee')
- 10 — 2–3 Beetrose (*Rosa* 'Edelweiß')
- 11 — 2–3 Sterndolde (*Astrantia major*)
- 12 — 1–2 September-Silberkerze (*Cimicifuga ramosa* 'Brunette')

Seidiger Türkenmohn

Ob knallrot oder pastellrosa – die hauchzarten, fast durchscheinenden Blütenblätter öffnen sich zu riesigen Schalen und versprühen fragilen Charme.

Rechts: *Roter Türkenmohn ist an Leuchtkraft kaum zu überbieten. Im Gegenlicht der Sonne scheint er förmlich zu pulsieren. Lavendelpolster kaschieren später das Einziehen der Horste.*

Unten: *Im blauvioletten Blütenmeer des Pracht-Storchschnabels entfaltet der Tuff aus rotem Mohn Signalwirkung. Schon die behaarten, dicken Knospen sind sehr dekorativ.*

Es hat etwas von Zauberei, wenn im Frühjahr die dicken, behaarten Knospen des Türkenmohns *(Papaver orientale)* aufplatzen und völlig zerknitterte Blütenblättchen aus der Mitte hervorspitzen. Sie erinnern an zusammengeknüllte Seidenschals. Und so wie mancher Magier aus seinem Zylinder endlose Meter Tuch hervorzaubert, entfalten sich die schrumpligen, schmeichelweichen Blätter zu unglaublicher Größe und formen breite Blütenschalen mit einem Durchmesser von bis zu 20 cm.

Oft schmücken schwarze Flecken und dunkle Staubgefäße die Basis jedes Blütenblatts und bilden einen atemberaubenden Kontrast.
Es gibt eine umfangreiche Palette an Mohn-Sorten. Die meisten bilden einfache Blüten, einige blühen jedoch auch gefüllt oder tragen dekorativ gefranste Blütenblätter, die wie gerüschte Seidentuffs aussehen. Die Blüten stehen immer einzeln am Ende fleischiger, behaarter Stängel, die die grundständigen Blattschöpfe deutlich überragen und je nach Sorte 50–100 cm Höhe erreichen. Die Horste setzen sich aus langen, tief eingeschnittenen und stark borstig behaarten Blättern zusammen, die nach der Blüte im Sommer vergilben und einziehen. Von Mai bis Juni währt die bunte Pracht. Kombiniert man verschiedene Sorten geschickt, lässt sich die relativ kurze Blütezeit etwas verlängern. In dieser Zeit avanciert der Türkenmohn jedoch zum absoluten Knüller im Beet. Vor allem die roten Sorten sind der Hingucker schlechthin. Ihre Leuchtkraft und die Intensität des Farbtons ihrer Blüten verleihen ihnen beispiellose Fernwirkung.

Aus dem Orient in unsere Gärten

Ursprünglich stammt der Türkenmohn aus Kleinasien. In der Türkei, Armenien, dem Iran und dem Kaukasus kommt die Staude in ihrer Wildform vor und besiedelt dort noch Höhen zwischen 2000 und 2500 m. Daraus lassen sich auch ihre Standortvorlieben ableiten: Durchlässiger Boden ist die Hauptbedingung, auf Staunässe reagiert die Staude sehr empfindlich. Die lange, fleischige Pfahlwurzel beginnt dann zu faulen. Gern darf der Boden stein- oder sandhaltig sein, er sollte aber reichlich Nährstoffe enthalten. Vorübergehende Trockenheit steckt der Türkenmohn ebenso weg wie winterliche Fröste. Im Sommer braucht der Orientale jedoch unbedingt volle Sonne und Wärme.

Sorgfältige Wahl der Begleiter

Für den Frühjahrsgarten ist der Mohn ein absoluter Glücksfall. Immer zieht er bewundernde Blicke auf sich. Doch es lohnt sich, ehe man ihn pflanzt, genau zu überlegen, an welcher Stelle und in welcher Gesellschaft der Schöne aus dem Morgenland seinen Glanz am besten entfaltet.

Seine Einbindung erfordert etwas Fingerspitzengefühl. Denn weil sein Laub nach der Blüte einzieht, hinterlässt er im Sommer Lücken im Beet. Daher sollte er nie im Vordergrund oder am Rand einer Rabatte stehen oder sonst an prominenter Stelle. Am besten setzt man ihn in kleinen Tuffs in die Mitte einer Pflanzung und umgibt ihn mit Stauden-Partnern, die breite Horste oder Kissen bilden und so seinen Rückzug im Sommer geschickt kaschieren.

Darüber hinaus gereicht seine große Stärke – die ausgefallenen Farben – ihm manchmal zur Schwäche, da sie nicht immer ganz leicht zu kombinieren sind.

Knallrot – plakativ und dominant

Mohnrot ist an Intensität und Leuchtkraft nicht zu überbieten. Es hat Signalwirkung im Garten. Kaum einer anderen Pflanze gelingt ein ähnlich plakativer Rotton. Befördert wird die beeindruckende Wirkung noch durch die Größe der Blüten sowie die durchschimmernd zarten Blütenblätter, die im Gegenlicht der Sonne von innen heraus zu glühen scheinen (→ Foto oben). So viel Brillanz duldet allerdings keine Konkurrenz. Die Farben der Begleiter müssen sich klar unterordnen. Ähnlich »laute« Farben beißen sich leicht oder wirken einfach zu grell. Im obigen Beispiel mildert Lavendel mit seinem Silberlaub und ab

Die besten Begleiter

Zu roten Sorten: Glockenblumen, Jungfer im Grünen, Katzenminze, Küchen-Salbei, Lavendel, Ochsenzunge, Pracht-Storchschnabel, Sommersalbei, Staudenlein, Zierlauch

Andere Farben: Bart-Iris, Blaustrahlhafer, Edelraute, Flockenblumen, Lichtnelken, Riesen-Federgras, Schleierkraut, Wolfsmilch, Wollziest

Juni auch mit seinen violettblauen Blüten die Hitze des roten Mohns etwas ab. Das kühle Blau hält sich optisch im Hintergrund und verschafft dem Blütenstar gleichzeitig eine wirkungsvolle Kulisse. Wie ein Passepartout lenkt es den Fokus auf das Hauptmotiv. Da Lavendel kompakte runde Büsche bildet, die mit fortschreitendem Alter zu breiten, halbkugeligen Kissen heranwachsen, eignet er sich hervorragend als Vorpflanzung für den Türkenmohn. Hier wird das schmale Mohn-Band im Beet nach dem Einziehen der Blattrosetten gnädig von den Trieben des duftenden Halbstrauchs verdeckt.
Anstelle des Lavendels würde in dieser Pflanzung auch Katzenminze mit ihren üppigen Horsten und den lilablauen Blüten überzeugend wirken. Edelraute und Küchen-Salbei entfalten ähnlich üppige silbergraue Blattwolken, und für ein kühles blaues Blütenmeer empfehlen sich Sommersalbei oder – auf etwas feuchteren Böden – Pracht-Storchschnabel (*Geranium × magnificum*) als Alternativen (→ Seite 46, Foto).

Pastellrosa und zart lachsfarben – sanft und feminin

Das große Sortenspektrum des Türkenmohns hat jedoch auch dezentere Farbtöne im Angebot. Weiß, Zartrosa und die so beliebten hellen Apricot- und Lachstöne, die trotz des hohen Weißanteils mehr Wärme ausstrahlen als reines Rosa. Sie können auch prima zwischen gelben und rosa Beetpartnern vermitteln, die sonst nebeneinander schnell zu grell wirken (→ Seite 49, Foto links). In diesem Beispiel stellt die lachsrosa 'Juliane' die farbliche Brücke zwischen

Links: *Mit ihrem Pflaumenviolett zeigt 'Patty's Plum' eine für Türkenmohn ganz außergewöhnliche Farbe. Typisch sind allerdings die schwarzen Flecken am Blütenboden und die dunklen Staubgefäße.*

Rechts: *Auf sanften Farbverlauf setzt diese Frühlings-Kombination aus Storchschnabel, Zierlauch und Mohn sowie Pyrenäen-Baldrian und Iris in Zartrosa.*

gelber Wolfsmilch und pinkfarbener Flockenblume *(Centaurea hypoleuca)* her. Ihr heller Farbton gibt dem Beet eine sanftere Anmutung und nimmt dem Pink die Aggressivität. Im Vordergrund sind Katzenminze und silberlaubiger Küchen-Salbei *(Salvia officinalis)* bereit, den Rückzug der Blatthorste zu decken. Auch die Pflanzung auf Seite 48 setzt auf sanfte Farbharmonie. Hier geht 'Juliane' mit hell lilarosa Iris und rosaweißem Pyrenäen-Baldrian *(Valeriana pyrenaica)* eine rosa Koalition ein, die – dem Farbverlauf folgend – mit dem Zierlauch 'Purple Sensation' und dem Storchschnabel über Purpur- bis Blauviolett fortgesetzt wird. Der weiche Zusammenklang ohne starke Brüche lässt Romantikerherzen höher schlagen. Wie die Pinselstriche auf einer Malerpalette ineinanderfließen und Mischtöne bilden, gehen die Blütenfarben hier ganz sanft ineinander über.

Die wichtigsten Pflegehandgriffe

Die beste Pflanzzeit für den früh blühenden Mohn ist der Herbst. Türkenmohn entwickelt eine kräftige, rübenartige Pfahlwurzel und lässt sich deshalb schlecht verpflanzen. Die Wurzel wird auch von Wühlmäusen auf dem Speiseplan sehr geschätzt, deshalb setzt man sie besser in einen Drahtkorb. Im Frühjahr freuen sich die Pflanzen über eine mineralische Düngergabe oder etwas Kompost. Nach der Blüte fördert ein Rückschnitt einen kräftigeren Neuaustrieb. Allerdings beraubt man sich dann der dekorativen Fruchtkapseln, die herbstliche Beete oder auch Sträuße bereichern (→ Foto oben rechts).

Links: *Die lachsfarbene Mohnsorte 'Juliane' wird 80 cm hoch: Sie vermittelt farblich gekonnt zwischen dem Gelb der Wolfsmilch und dem Pink der Flockenblume.*

Rechts: *Die bläulich bereiften Samenkapseln des Mohns haben hohen Schmuckwert, hier zwischen blauen Jungfer im Grünen (vorne), Glockenblumen und Clematis (hinten).*

Blüten zu jeder Jahreszeit

In diesem Beet ist immer was los! Während der ganzen Saison treiben hier vielerlei Stauden die schönsten Blüten. Von März bis Oktober veranstalten sie ein Feuerwerk an Farben und Formen. Sogar im Winter bleibt die Erde in diesem Beet nicht nackt, denn der Mohn treibt bereits im Herbst frische Blätter, und auch die Königskerzen überwintern als bodennahe Blattrosetten. Im März eröffnet dann die Nieswurz die Blütensaison, Türkenmohn, Sommersalbei und Katzenminze folgen. Das zarte Rosa der Mohnsorte 'Karine' nimmt sich ganz besonders romantisch und feminin aus und wirkt zwischen den kühlen, violettblauen Blüten sehr romantisch.

Romantischer Frühling geht in heiteren Sommer über

Ab Juni fallen dann die Sommermargeriten mit in den Blütenreigen ein. Mit ihren sonnig-freundlichen weiß-gelben Sternblüten heitern sie die etwas melancholische Romantikatmosphäre auf und stimmen auf den Sommer ein. Wenn dann noch die Königskerzen ihre gelben Blütenkolben über das Beet erheben und die Goldrute im Hintergrund ihre fedrigen Wedel erstrahlen lässt, während der Phlox seine violettblauen Blütenkuppeln aufwölbt, zieht endgültig kunterbunte, beschwingte Sommerlaune ein. Die Komplementärfarben Gelb und Blau prägen dann die Pflanzung und verleihen ihr ungeheure Leuchtkraft und Lebendigkeit.
Während sich der Mohn spätestens Anfang Juli und die Königskerzen im August von der Blütenbühne verabschieden, schieben die blauen »Dauerblüher« Sommersalbei und Katzenminze sowie die weißen Sommermargeriten noch eine zweite Blüte nach, sofern man die Horste nach dem Welken der Hauptblüte stark zurückstutzt. Bis September halten sie dann durch, gemeinsam mit Goldrute und Phlox, und verdecken nebenbei den Standort des jetzt zurückgezogenen Mohns. Ab August verstärkt die Purpur-Fetthenne dann das bunte Team. Sie lässt ihre warmroten, flachen Blütenschirme bis Ende Oktober erglühen und gibt dem Beet den herbstlichen Anstrich.

Pflanzplan

Beetgröße ca. 1,5 x 0,8 m

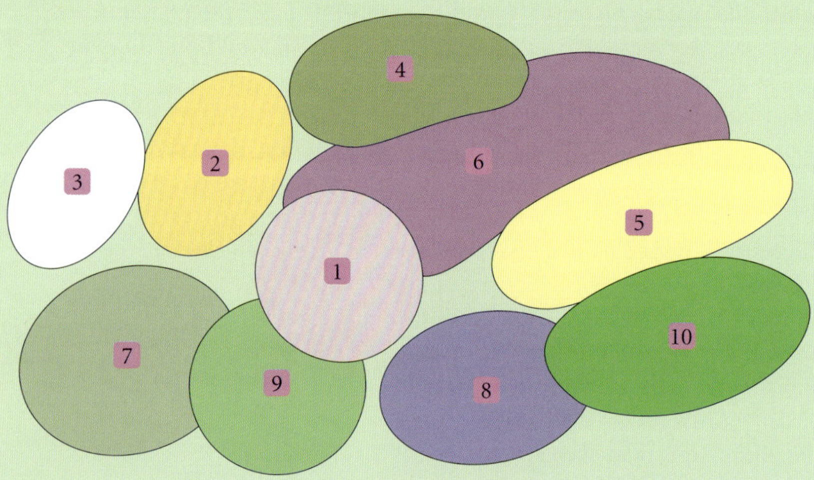

So geht man vor

Die meisten Staudenarten dieser Pflanzung lieben durchlässige, eher trockene Böden in sehr sonniger oder sogar heißer Lage. Die Erde darf gern etwas kalkhaltig oder sandig sein. Sommermargeriten, Phlox, Nieswurz und Goldrute allerdings brauchen es etwas nährstoff- und humusreicher. Am besten heben Sie deren Pflanzlöcher größer aus und geben ihnen eine gute Portion Kompost als Starthilfe mit auf den Weg.
Die zweijährigen Königskerzen zieht man am besten im Sommer aus Samen vor. Im Juli oder August sät man sie in Töpfe und stellt sie halbschattig auf. Die Jungpflanzen setzt man dann im September an den endgültigen Standort ins Beet. Sie überwintern als Blattrosetten und blühen erst in der nächsten Saison. Nach der Blüte gehen die Pflanzen oft ein. Schneidet man die Blütenstängel sofort nach dem Verblühen ab, verlängert das ihre Lebensdauer mitunter, und sie blühen mehrere Jahre. An günstigen Standorten säen sich Königskerzen oft von alleine aus. Wer dies nicht möchte, kann als Alternative gelbe Steppenkerzen *(Eremurus stenophyllus)* pflanzen.
Auch der Mohn muss im Herbst ins Beet und am besten auch die anderen Stauden, nur die spät blühende Purpur-Fetthenne pflanzt man besser erst im Frühjahr. In den folgenden Jahren stets zum Austrieb düngen. Sommersalbei, Katzenminze und Sommermargeriten düngt man ein zweites Mal beim Zurückstutzen nach der Hauptblüte. Letztere teilt man zur Verjüngung am besten alle drei bis vier Jahre.

Pflanzliste

1. 2–3 Türkenmohn (*Papaver orientale* 'Karine')
2. 1 Königskerze (*Verbascum chaixii* 'Sixteen Candles')
3. 1–2 Sommermargeriten (*Leucanthemum × superbum*)
4. 1–3 Goldrute (*Solidago*)
5. 2 Königskerze (*Verbascum*-Hybride)
6. 5–6 Sommersalbei (*Salvia nemorosa*)
7. 1–2 Purpur-Fetthenne (*Sedum telephium*)
8. 1 Katzenminze (*Nepeta × faassenii*)
9. 1 Korsische Nieswurz (*Helleborus argutifolius*)
10. 2–3 Phlox (*Phlox paniculata* 'Blue Paradise')

Üppige Taglilien

Dank breiter Horste aus grasartig überhängenden, schmalen Blättern wirkt diese Staude wie eine grüne Fontäne, aus der auch noch viele große Trichterblüten sprudeln.

Rechts: *Blütenreichtum und eine Fülle von schlanken, elegant gebogenen Blättern sind das Markenzeichen der Taglilien. Hier untermalen sie gelbe Fackellilien.*

Unten: *Warme Farbtöne dominieren das Sortenspektrum der Hemerocallis-Hybriden. Auf frischen Böden bilden sie mit rubinrotem Kerzen-Knöterich eine temperamentvolle Gesellschaft.*

Jede einzelne Blüte öffnet sich nur für einen Tag. Diese flüchtige Schönheit gab der Staude ihren deutschen Namen: Taglilie. Doch die lilienähnlichen Blüten erscheinen so lange und in so großer Zahl – bis zu 500 pro Exemplar –, dass die Pflanze rund vier Wochen lang Farbe bekennt. Staffelt man früh und spät blühende Sorten in einer Rabatte, kann man sogar vier Monate lang Taglilienblüten (*Hemerocallis*-Hybriden) genießen. Ab Mai starten die ersten Sorten mit ihrem Flor, der dann bis weit in den Juni hinein anhält. Der Blütenschwerpunkt liegt jedoch im Juli bei den mittleren Sorten. Spät blühende sorgen noch bis August und Anfang September für Farbe.

Die Form der »Lilienblüten« variiert je nach Breite und Stellung der einzelnen Blütenblätter von trichter- über trompeten- und sternförmig sowie spinnenartig – bei sehr schmalen, langen Blütenblättern – bis hin zu triangelähnlichen oder weit geöffneten, fast rund erscheinenden Scheiben. Manche Züchtungen sind zweifarbig und zeigen einen anders gefärbten Schlund oder kontrastierende Maserungen und Zeichnungen. Einige wenige entfalten sogar gefüllte Blüten oder weisen gekrauste Ränder auf. Auch mit wunderbaren Duftnoten überraschen etliche Varietäten.

Zigtausende von Sorten lassen kaum noch Farbwünsche offen, obwohl nach wie vor Töne aus dem Gelb-Orange-Rot-Spektrum dominieren. Die ersten Wildformen, die aus Ostasien kommend Europa erreichten, waren gelb und rostfarbig. Sie bildeten die Grundlage für intensive züchterische Bearbeitung. In den letzten Jahrzehnten entstanden vor allem in den USA zahllose Sorten. Jährlich kommen Hunderte Neuzüchtungen hinzu, die wiederum ähnliche ältere Sorten vom Markt verdrängen. So bleibt das Sortiment ständig in Bewegung. Inzwischen gibt es auch rosa, himbeerrote, purpur- und lavendelfarbene sowie weiße und nahezu schwarze Formen. Die Fülle des Angebots unterscheidet man nach der Blütengröße:

- Miniaturblütige Sorten weisen Blütendurchmesser bis zu 7,5 cm auf und sind überwiegend frühblühend.
- Kleinblütige Sorten haben 8–11 cm große Blüten.
- Großblütige Sorten sind Taglilien mit einem Blütendurchmesser von 12 cm und mehr.

Außergewöhnliche Gestalt

Aus dem Rahmen fallen Taglilien aber auch wegen ihres ungewöhnlichen Wuchses. In blütenlosem Zustand könnten gärtnerisch wenig Versierte sie vielleicht sogar für ein Gras halten. Lange, schmale, biegsame Blätter hängen malerisch über und bilden breite Horste, die grüne Fülle ins Beet bringen. Mit dieser außergewöhnlichen Laubform stellen sie eine wertvolle Bereicherung von Staudenrabatten dar, die dadurch aufgelockert werden und an Schwung und Dynamik gewinnen. Die Blattschöpfe erreichen je nach Sorte eine Höhe und Breite von 40–120 cm. Sie treiben bereits sehr früh im Jahr aus und schenken Beeten schon im März Farbe. Den Herbst vergolden sie dann mit gelben »Halmen« und qualifizieren sich so als Dauerattraktion für die ganze Länge der Saison.

Zu Hause in Auwäldern und auf feuchten Wiesen

Die ersten importierten Wildformen stammten von feuchten Bergwiesen oder aus Auwäldern mit frischen Böden. Inzwischen wurde zwar so vielfältig gezüchtet und gekreuzt, dass moderne Sorten mit nahezu jedem Gartenboden zurechtkommen. Doch im Gegensatz zu allen vorgenannten Staudenarten entwickeln sich Taglilien am schönsten auf frischen bis feuchten, gern lehmigen Böden – Staunässe vertragen sie jedoch nicht. Der Boden sollte tiefgründig locker und reich an Nährstoffen sein. Hohe Luftfeuchte lässt die üppigen Blattschöpfe besonders prachtvoll glänzen. Der ideale Standort ist darüber hinaus sonnig. Auch in absonnigen oder halbschattigen Lagen fühlen sich Taglilien durchaus noch wohl. Je lichtärmer und schattiger der Platz jedoch ausfällt, desto stärker lässt die Blühleistung der Stauden nach.

Links: *Reinweiße Blüten gibt es noch nicht, doch 'Arctic Snow' kommt diesem Ziel schon sehr nahe.*

Unten: *Gemeinsam mit panaschierten Funkien hellen Hemerocallis 'Münchner Kindl' und Berg-Kreuzkraut mit ihren gelben Blüten den Halbschatten auf.*

Blütenreichtum für lichtschattige und luftfeuchte Lagen

Wie alle groß und reich belaubten Pflanzen lieben Taglilien gute Wasserversorgung und hohe Luftfeuchtigkeit.

Unter hohen Bäumen

In Gartenpartien, die von hohen Bäumen beschattet werden, ist die Luftfeuchtigkeit meist etwas höher, und die Temperaturen liegen niedriger als in der besonnten Umgebung. Die Blätter der Laubbäume verdunsten nämlich viel Wasser und kühlen die Luft dadurch sanft ab. Die volle Sonneneinstrahlung wird gefiltert, dennoch erreicht viel Licht zumindest zeitweise den Boden. Es entsteht ein bewegter lichter Schatten. Vor allem unter Laubbäumen tanzen Licht- und Schattenflecken beständig hin und her, wenn ihre Äste bei jedem Windhauch schwanken. Im Frühjahr zum zeitigen Taglilienaustrieb gibt es sogar Sonne pur, da die Gehölze dann selbst erst ihre Blätter bilden. Das Beispiel oben zeigt einen solchen Standort, an dem sich Taglilien ausgesprochen wohlfühlen, solange sie nicht zu nahe an den Stamm gepflanzt werden (→ Foto oben rechts). Zu den Vorzügen solcher Plätze zählen außerdem humusreiche und damit nahrhafte Böden, sofern man das Falllaub nicht jährlich akribisch entfernt.

Natürlich gedeihen in einer solchen Umgebung auch viele Blattschmuckpflanzen. Im Beispiel oben schmücken verschiedene Funkien-Sorten (*Hosta*-Hybriden) die Fläche. Auch diese Stauden mit ihren großen, weichen Blättern schätzen halbschattige Lagen. In voller Sonne würden sie schnell unter Wassermangel leiden oder gar verbrennen. Weiß und gelb panaschierte Sorten hauchen dem Blattteppich hier Farbe und Leben ein und hellen die Szene auch außerhalb der Blütezeit auf. Im Juli oder August – je nach Sorte – lassen sie ihre lila Blütenstängel aufragen. Für wirklich üppigen Blütenreigen in strahlendem Hellgelb sorgen hier jedoch die Taglilien. Die Sorte 'Münchner Kindl' gehört zu den mittel bis spät blühenden Sorten. Sie wird 90 cm hoch, wächst gut verzweigt, blüht überreich und verwöhnt sogar mit zartem Duft. Ihr schwefeliger heller Farbton hebt sich optisch gefällig vom Goldgelb des Berg-

Unten: *Die bezaubernde Sorte 'Chicago Cardinal' blüht mittel bis spät, ihre Horste erreichen 60–90 cm Höhe.*

Kreuzkrauts *(Ligularia stenocephala)* ab, dessen große, weiche Blätter in Trockenperioden schnell welken. Dieses Beet gilt es daher im Sommer regelmäßig zu gießen. In niederschlagsreichen Regionen wird es dagegen prächtig gedeihen. Allerdings sollte man dann Funkien und Berg-Kreuzkraut unbedingt vor hungrigen Schnecken schützen – vor allem während des Austriebs.

Ein alternativer Begleiter für halbschattige Lagen ist zum Beispiel der Frauenmantel. Mit seinen runden, gewellten Blättern bildet er dichte, breite Polster, die den Boden gut bedecken und eine kontrastreiche Untermalung für die halmartigen Taglilien-Horste abgeben. Die wolkige, schwefelgelbe Blüte, von Juli bis August, ergibt eine raffinierte Ton-in-Ton-Ergänzung.

Auch verschiedene Storchschnabelarten kommen als patente Partner infrage, etwa der blaue Himalaya-Storchschnabel *(Geranium himalayense)* oder der Wald-Storchschnabel *(G. sylvaticum)*. Beide sorgen mit ihren blauen Blütenfarben und mit dem fein zerteilten Laub für das farbliche Kontrastprogramm zu den Taglilien.

Malerisches Profil am Teichrand

Hohe Luftfeuchtigkeit und kühle Luft prägen auch das Kleinklima an Teichufern und Wasserbecken – ein vorzüglicher Standort für Taglilien aller Couleur. Nicht nur, weil ihnen die Atmosphäre bekommt und sie hier besonders schön gedeihen, ihr malerischer überhängender Wuchs kaschiert zudem auf äußerst elegante Weise die Uferlinie und spiegelt sich romantisch auf der Wasseroberfläche wider. Harten Uferkanten oder unschönen Rändern von Kunststoffbecken geben die breiten Horste der Taglilien ein ganz natürliches, weiches Profil. Sie überspielen die Trennlinie zwischen Wasser und Erde und lassen ihre Blätter und Blüten Fontänen oder Springbrunnen gleich in den Teich »plätschern«. Auch in dieser Situation steht ihnen die Gesellschaft von Funkien und Berg-Kreuzkraut, aber auch von Bergenien oder Farnen gut zu Gesicht. Sehr stilecht wirken am halbschattigen Ufer Knöterich-Arten. Der Wiesen-Knöterich *(Bistorta officinalis)* etwa liebt natürliche Teichränder mit sumpfigem Untergrund. Doch Vorsicht beim Kombinieren: Taglilien haben in der Sumpfzone nichts verloren, sie müssen ein Stück weiter landeinwärts auf luftigem Boden fußen. Besser setzt man sie an Fertigteiche, deren Ufer ja aus normaler Gartenerde bestehen, und stellt ihnen – wie im Beispiel auf Seite 52 – Kerzen-Knöterich *(Bistorta amplexicaulis)* zur Seite.

Die besten Begleiter

An halbschattigen, luftfeuchten Plätzen: Bergenie, Berg-Kreuzkraut, Farne, Frauenmantel, Funkien, Japanisches Waldgras, Knöterich, Storchschnabel

In der Sonne: Chinaschilf, Dreimasterblume, Engelshaar, Fackellilie, Lampenputzergras, Lavendel, Schafgarbe

Trotz der Ähnlichkeit in der Wuchsform können in lichtschattigen Lagen auch Gräser sehr attraktive Taglilien-Nachbarn sein – vor allem buntlaubige Arten und Sorten wie zum Beispiel das gelb panaschierte Japanische Waldgras (*Hakonechloa macra* 'Aureola'), das mit seinen überhängenden Blattkaskaden sowohl am Gehölz- wie auch am Uferrand eine gute Figur macht. Außerdem heitert es mit seinen gestreiften Halmen die dunkelgrünen *Hemerocallis*-Horste recht freundlich auf.
An sonnigen Ufern kommt auch das malerische Lampenputzergras *(Pennisetum alopecuroides)* infrage. Wenn es ab September seine mit langen Grannen besetzten, Flaschenbürsten ähnlichen Blütenähren aufgehen lässt, setzt es zwischen spät blühenden Taglilien-Sorten, hier 'Chicago Cardinal', hinreißend aparte Akzente (→ Seite 55, Foto). Diese tiefrote Schönheit gehört zu den im Fachjargon »tetraploid« genannten Taglilien-Sorten, die besonders großblumig und von guter Substanz sind.

Strahlende Blüten für sonnige Beete und Rabatten

Der beste Platz für Taglilien ist unzweifelhaft die sonnige Rabatte. Hier entfalten sie ein wahres Feuerwerk an Blüten. Warm darf es sein, aber nicht heiß und trocken, dann inszenieren Taglilien inmitten anderer Prachtstauden den Sommer in seinen heitersten Farben.

Warmes Sonnenuntergangs-Szenario

Sie lieben romantische Sonnenuntergänge am Meer? Geraten ins Träumen, wenn die gelbe Scheibe nach und nach

Oben: *Gelb, orange und rot – wie die Abendsonne changiert diese Pflanzengesellschaft, der die feinen Halme des Engelshaars Steppencharakter verleihen. Diese Kombination erfordert sehr durchlässigen Boden.*

orange wird, schließlich in Glutrot übergeht und Wasser sowie Strandsand erst in goldenes und dann in terrakottafarbenes Licht taucht? Dann holen Sie sich doch ein Stückchen Urlaub nach Hause und gestalten Sie ein Beet in den warmen Farben des Sonnenuntergangs.
Taglilien bieten ein Riesenspektrum an vielerlei Gelb-, Orange-, Apricot-, Rot-, Kupfer- und Rostbraun-Tönen. Mit welcher Staude ließen sich sanftere Farbübergänge gestalten?
Im Foto links vereint die Taglilien-Sorte 'Frans Hals' allein schon Gelb und Rot in ihren gestreiften Blüten. Sie erinnern an die Strahlen der Sonne, wenn sich die Trompeten mehr und mehr öffnen. Die Schafgarben (*Achillea-Millefolium*-Hybriden) konterkarieren das Farbspiel. Bei Sorten wie 'Fanal', 'Sammetriese' oder 'Terracotta' dominiert warmes Rot die breiten Blütenschirme und wird von winzigen gelben Pünktchen wie von Goldstaub aufgehellt. Rechts im Vordergrund der Pflanzung erheben Königskerzen wie Fackeln ihre gelben Blütenstände. Die Zwischenräume schließlich füllt Engelshaar *(Stipa tenuissima)*. Seine strohgelben, haarfeinen Blütenrispen, die bis zu 5 cm lange Grannen tragen, verschleiern wie Dunstschwaden die klaren Konturen der einzelnen Pflanzenhorste. Zugleich gibt es dieser Gesellschaft einen naturnahen, etwas steppenhaften Charakter. Das Gras ist allerdings sehr kurzlebig und muss daher öfter nachgepflanzt werden. An passenden Standorten versät es sich aber auch von selbst.

Ungewöhnlicher Mix mit Kräutern

Taglilien sind relativ anpassungsfähig, was den Standort anbelangt. Gute Wasser- und Nährstoffversorgung vorausgesetzt, halten sie auch relativ viel Sonne aus. Will man die Pflanzung im Foto rechts realisieren, sollte man den Taglilien jedoch gehaltvollere Erde ins Pflanzloch mitgeben und ihnen öfter eine Extraportion Wasser und Dünger zukommen lassen. Dann können aromatische Kräuter wie Rosmarin *(Rosmarinus officinalis)* und Lavendel *(Lavandula angustifolia)* aber zu dekorativen Partnern werden. Mit ihnen zieht etwas Flair vom Mittelmeer ins Beet ein. Ihr filigranes, nadelartiges Laub umschmeichelt die laubreichen Taglilien-Horste und bietet dem Auge einen dekorativen Kontrast. Die blauen Blüten beider Begleiter sowie das Silberlaub des Lavendels kühlen das glühende *Hemerocallis*-Rot dezent ab. Der Rosmarin ist in unseren Breiten allerdings nicht winterhart und muss im Spätherst ins Haus geholt werden.

Die wichtigsten Pflegehandgriffe

Taglilien können im Frühjahr oder im Herbst gepflanzt werden. Heben Sie ein etwa 50 cm tiefes Pflanzloch aus und bessern Sie den Aushub mit Kompost auf. Formen Sie in der Mitte der Grube einen leichten Hügel, auf dem die Wurzeln aufliegen können. Dann wird der Rest der Erde angefüllt und gut angegossen. Der Wurzelansatz sollte nach dem Pflanzen 2–4 cm unter der Bodenoberfläche liegen.
Eingewachsene Taglilien stellen keine besonderen Pflegeansprüche. In jedem Frühjahr gibt man eine Austriebsdüngung in Form von Kompost oder eines kalium- und phosphorbetonten Langzeitdüngers, auf mageren Böden verabreicht man zur Blüte eine zweite Portion. Der Boden sollte nie ganz austrocknen, daher sollte man vor allem während der Blüte gegebenenfalls wässern. Verblühte Blütenstängel entfernt man laufend. Im Herbst oder Frühjahr wird das vergilbte Laub abgeschnitten. Manche Sorten behalten jedoch auch im Winter grüne Blätter. Lässt die Blühleistung im Lauf der Zeit nach und werden die Horste eher kleiner als größer, sollte man die Pflanze teilen und verjüngen.

Unten: *Eine Brise Mittelmeeraroma verbreiten Rosmarin und Lavendel. Da sie andere Bodenansprüche haben als die Taglilien, empfiehlt sich dieses Trio auch für die Topfkultur.*

Stattlicher Rittersporn

Schlanke, hoch aufragende Kerzen von majestätischer Haltung und Statur adeln die blaublütigste aller Stauden und verleihen ihr besondere Noblesse.

Rechts: *Rittersporn und Rosen bilden ein klassisches, traditionsreiches Duett. Hier ergänzen Storchschnabel und Frauenmantel das edle Traumpaar.*

Unten: *Überragende Majestät demonstrieren Strauchrosen und ihre blaublütigen Kavaliere, deren hohe Sorten mitunter eine Stütze brauchen.*

Blaublütig ist der Rittersporn (*Delphinium*-Hybriden) gleich in doppelter Hinsicht. Seine hohe, aufrechte Gestalt verleiht ihm eine außergewöhnlich edle und vornehme Ausstrahlung. Außerdem wartet er buchstäblich mit Blüten in Blautönen von größter Klarheit und Reinheit auf. Von Enzianblau über Azurblau bis Nachtblau reicht die Palette. Die Farbe des Himmels und des Meeres unterstreicht seine aristokratische und distanzierte Wirkung noch. Auch die weißen Sorten stehen mit ihrem festlichen Glanz und ihrer makellosen Reinheit in puncto königlicher Aura den blauen Schwestern keineswegs nach. Manche Sorten punkten auch noch mit schwarzem oder weißem Auge in den Einzelblüten, aus denen sich die langen Kerzen zusammensetzen. Größe beweist der Rittersporn aber auch rein physisch. Mit Höhen von 70–200 cm gehört er zu den stattlichsten Vertretern, die das Staudenreich zu bieten hat.

Man unterscheidet drei Hybridgruppen:

> Belladonna-Hybriden: Sie zeichnen sich durch einen vieltriebigen, lockeren, grazilen Wuchs aus und wirken feiner und verspielter als die anderen Rittersporn-Sorten. Mit 70–120 cm Höhe sind sie die kleinsten Varietäten der Gattung.

> Elatum-Hybriden: Sie sind die populärsten Sorten und werden 120–220 cm hoch, bilden aber trotzdem recht standfeste Blütenstängel.

> Pacific-Hybriden: Dicht und kompakt besetzte Blütenstängel lassen sie sehr wuchtig wirken und empfehlen sie auch als Schnittblumen für die Vase. Im Garten erreichen sie Höhen von 140–200 cm. Die schweren Blütenähren müssen jedoch mitunter gestäbt werden. In dieser Gruppe gibt es gefüllte und sogar wenige rosa blühende Sorten.

Anspruchsvoller Aristokrat

So viel Majestät und Prachtentfaltung schöpft natürlich gern aus dem Vollen. Eine gute Nährstoffversorgung ist Grundvoraussetzung dafür, dass die stolzen Ritter ihre langen Lanzen erheben und aufrecht über Rabatten und Beete wachen. Lehmig-humose Erde bietet den Wurzeln die ideale gehaltvolle Basis, auch sandig-lehmiger Untergrund liefert noch ausreichend Nahrung für den hungrigen Aristokraten. Auf zu sandigen, zu Trockenheit neigenden Böden

erweist sich der kapriziöse Schöne als noch kurzlebiger als ohnehin. Besonders die imposanten Pacific-Sorten räumen oft bereits nach drei Jahren wieder das Feld. Besser sind frische bis leicht feuchte Plätze in sonniger Lage. Schließlich kann der volle Glanz nur im rechten Licht erstrahlen. Doch auch absonnige Standorte genügen – etwa auf nach Norden exponierten hellen Freiflächen. Nur im Schatten anderer Gewächse und deren Wurzelkonkurrenz hält es der Blaublütige nicht aus. Etwas Distanz im Beet ist also angesagt.

Stets standesgemäß im Hofstaat der Königin der Blumen

Noblesse oblige – so ist es kein Wunder, dass der Ritter im Hofstaat der Königin der Blumen – der Rose – sein adäquates Umfeld findet und seine Talente am besten entfaltet. Die Rolle des Rosenkavaliers ist ihm auf den Leib geschneidert, und seit Jahrhunderten macht er in dieser Stellung Karriere. Seine schlanken Blütenkerzen kontrastieren perfekt zu den runden Köpfen und Schalen der Rosen. Sein Blau und Weiß schmeichelt jeder Rosenfarbe, und er teilt mit der Königin die Blütezeit. Im Juni und Juli laufen beide zu Hochform auf und verwandeln den Garten in wahrhaft royales Parkett. Somit empfiehlt sich der Rittersporn auch als idealer Begleiter einmalblühender Alter Rosen, mit denen ihn außerdem eine lange gemeinsame Historie und Tradition verbindet. Nach entsprechendem Rückschnitt gewährt er aber auch öfterblühenden modernen Rosen im August und September noch einmal sein blühendes Gefolge. Nicht

Links: *Die langen, schlanken Blütenkerzen setzen sich aus vielen Einzelblüten zusammen, die ein helles oder dunkles »Auge« zeigen können.*

Rechts: *Die Sortenvielfalt des Rittersporns ist immens. Man unterteilt sie in drei Hybridgruppen. Neben Blautönen in vielen Nuancen gibt es auch weiße Varietäten. Beide schmeicheln den roten Rosen hier im Bild und werden von dunkelviolettem Sommersalbei und lila Katzenminze untermalt.*

zuletzt stellt er ähnlich königliche Ansprüche an seine Umgebung wie Majestät Rose, was beide für die besten Plätze auf der Gartenbühne prädestiniert. Das Beispiel auf Seite 59 zeigt, welche Pracht das noble Team gemeinsam entfaltet. Weißer Rittersporn ragt Kopf an Kopf mit der Englischen Rose 'Charles Austin' zu gleicher Höhe auf. Die stark gefüllten Blütenschalen der Rose und ihr hervorragender Duft geben ihr den Charakter einer Alten Rose, obwohl sie öfter blüht und bis in den Herbst hinein für Blumen sorgt. Blauer Storchschnabel *(Geranium)* unterlegt die zarten Farben mit einem starken, aber kühlen Kontrast, der zum noblen Charme der Pflanzung perfekt passt. Er füllt die Zwischenräume gut aus, ohne sich in den Vordergrund zu drängen. Das Fußvolk verkörpert hier der Frauenmantel *(Alchemilla mollis)*. Seine kühl gelben Blütenwolken geben der Pflanzung eine spritzige Note, und seine großen, dekorativen Blätter formen dichte Horste, die den Boden gut beschatten, stets frisch halten und dem Beet-Adel dauerhaft einen grünen Teppich zu Füßen legen.

Hünenhafte Kulisse für Kletterrosen

Eine Ausnahmeerscheinung ist der Rittersporn allein durch seine Größe. Seine hünenhafte Figur verleiht ihm eine überragende Stellung, und er verkehrt sogar mit Kletterrosen und anderen Senkrechtstartern wie Clematis auf Augenhöhe (→ Foto oben links). In diesem Beispiel unterbricht eine blaublütige 'New-Millenium'-Sorte die Symphonie in Rosarot aus Rose, Clematis 'Warszawska Nike', Lichtnelke *(Silene coronaria)* und Schlafmohn *(Papaver somniferum)*.

Links: *Aug' in Aug' mit Kletterpflanzen: Die nachtdunkle Clematis 'Warszawska Nike' blüht von Juni bis September. Diese Blütezeit prädestiniert sie wie den Rittersporn als klassische Rosenbegleiterin.*

Rechts: *'Magic Fountains White' heißt diese prächtige, kontraststarke Sorte. Sie wird bis 90 cm hoch und erweist sich als sehr standfest.*

Very british – Gestaltungen mit englischem Charme

In England genießt die Gartenkultur hohes Ansehen, und nicht umsonst sind englische Gärten weltberühmt. Kein Landsitz, kein Schlösschen, kein Castle, das ohne großzügigen Garten auskäme. Was passte in diese noble Umgebung besser als stolzer Rittersporn?

Eleganz und vornehme Zurückhaltung

Ein charakteristisches Markenzeichen englischer Gartenanlagen sind hohe, streng in Form geschnittene Hecken oder niedrige Einfassungen aus Buchs (→ Foto oben rechts). Das geschlossene Grün bringt Ruhe und schlichte Eleganz ins Bild. Zugleich strukturieren die grünen Wände und Bänder das Gelände. In obigem Beispiel führt der Buchs das Auge und trennt klar die Beete vom Weg. Im Vordergrund überragt der himmelblaue Rittersporn 'Völkerfrieden' die Einfassung sowie seine weißen Beetbegleiter Jakobsleiter *(Polemonium)* und Waldhyazinthe *(Dactylorhiza maculata)*.

Hoher Rittersporn kann auch vor sehr hohen Heckenwänden ein wertvoller Vermittler zwischen Heckenkrone und niedriger Vorpflanzung sein (→ Foto oben links). Seine aristokratische Ausstrahlung wird durch das grüne Passepartout noch gesteigert. Die Zurückhaltung bei der Farbwahl in obigem Beispiel adelt die ganze Pflanzung zusätzlich. Pure Eleganz zieht ein durch die Beschränkung auf die Blütenfarbe Weiß. Die Strauchrose 'Schneewittchen' erreicht fast die gleiche Höhe wie ihr ritterlicher Kavalier. Beide blicken auf weiße Weidenröschen *(Epilobium angustifolium)*,

Links: *Vor einer hohen Heckenkulisse kommt weißer Rittersporn durch den Hell-Dunkel-Kontrast besonders gut zur Geltung. Im Beethintergrund vermittelt er – hier zusammen mit der Strauchrose 'Schneewittchen' – zwischen Heckenkrone und niedriger Vorpflanzung, die hier nur aus Weißblühern besteht.*

Rechts: *In Form geschnittener Buchs gibt dem Garten Struktur und den Beeten einen stilvollen Rahmen. Die 100–120 cm hohe Belladonna-Hybride 'Völkerfrieden' überragt ein buntes Blütenmeer.*

Die besten Begleiter

Im klassischen Stil: Rosen in allen Varianten und Farben sowie klassische Rosenbegleiter wie Blauschwingel, Frauenmantel, Glockenblumen, Lichtnelke, Lilien, Sommermargeriten, Sommersalbei, Sonnenauge, Storchschnabel

Im englischen Stil: alle oben genannten sowie Buchseinfassungen, Eibenhecken, Clematis, Kletterosen, Ein- und Zweijährige wie Fingerhut, Kornblumen, Stockrosen

weiße Königskerzen *(Verbascum cheixii)*, Lichtnelken *(Silene coronaria)* und Hornkraut *(Cerastium tomentosum)* herab.

Verspieltes Cottage-Garten-Flair

Ein weiterer beliebter Export britischer Gartenkultur sind Cottage-Gärten. Sie sind geprägt vom lässigen Miteinander und Durcheinander verschiedenster Stauden, Sommerblumen und Gehölze. Kaum ein Fleckchen Erde bleibt frei zwischen überbordender Staudenpracht und buntem Blütenreigen – und alles wirkt wie zufällig und natürlich entstanden. Ein paar Dekoelemente – liebevoll dazwischen platziert – setzen kunstvolle Akzente. Auch in diesem Ambiente macht der edle Rittersporn eine gute Figur. Im Beispiel oben links bildet er zusammen mit gelben Stockrosen den hohen Hintergrund für das üppig-ländliche Blütenmeer aus Fingerhut *(Digitalis)*, Natternkopf *(Echium)*, Kornblumen *(Centaurea)*, Glockenblumen *(Campanula)* und vielen anderen Blühern. Das Brunnendächlein und das alte mit Patina versehene Brunnengemäuer geben dem Ganzen die besondere englische Note und ein etwas nostalgisches Flair.

Die wichtigsten Pflegehandgriffe

Um eine zweite Blüte im August/September zu erzielen, schneidet man Rittersporn nach der Hauptblüte im Sommer auf 10 cm Höhe zurück. Geben Sie den Horsten dann eine gute Düngerportion und wässern Sie in den Folgewochen reichlich, insbesondere in Trockenperioden. Im Frühjahr bringt man ebenfalls einen Volldünger aus und schützt den frischen Austrieb vor Schnecken.

Links: *Charmante Anarchie: Im Cottage-Garten scheint alles wild durcheinander zu wachsen. Rittersporn und Stockrosen bringen durch ihre Größe eine gute Höhenstaffelung ins scheinbare Chaos.*

Rechts: *'Jenny Agutter' gehört zu den wenigen rosafarbenen Sorten. Hier wird sie – ganz Cottage-Garten-like – von einer Elfe umschwärmt. Ihre zweite Blüte währt bis Ende September.*

Blaues Blütenmeer im englischen Stil

Die hohe Backsteinmauer ist aus unterschiedlich gefärbten Einzelsteinen errichtet und wirkt dadurch etwas verwittert und altehrwürdig. So verleiht sie der Szene einen Hauch morbiden, britischen Charmes. Gleichzeitig grenzt sie den Garten ab, gibt damit einen Rahmen vor und sorgt für Struktur. Was wäre hier also passender und stilechter platziert als ein Mixed Border nach englischem Vorbild? Wer keine Mauer im Garten hat, kann die Pflanzung natürlich ebenso gut vor einer immergrünen Hecke anlegen.

Die berühmten Mixed Borders bestehen aus einer kunstvollen Mischung aus vielerlei Stauden, Gehölzen und oft auch Sommerblumen und Zwiebelpflanzen. Sie sind in Höhenstaffelung, Blütenfarben, Wuchs- und Blattformen perfekt aufeinander abgestimmt und ergeben ein ausgesprochen harmonisches Bild, das sehr natürlich wirkt.

In unserem Pflanzvorschlag vertreten die beiden Rambler-Rosen 'Bobbie James' in Weiß und 'Veilchenblau' in Violettblau sowie die blaue Clematis 'Richard Pennel' die Gruppe der Gehölze. Sie weben die Mauer mit ihren Blütenvorhängen ein und erweitern so das Beet in die dritte Dimension. Wo keine Mauer als Beetbegrenzung vorhanden ist, kann man die Kletterer an Obelisken in den Hintergrund der Rabatte setzen. Es empfiehlt sich dann allerdings, anstelle des starkwüchsigen weißen Ramblers 'Bobbie James' lieber schwachwüchsigere Kletterrosen zu verwenden, etwa die weiße 'Ilse Krohn Superior'.

Rhythmus und Dynamik durch Wiederholungen

Davor ergießt sich ein blaues Meer aus klarblauen und nachtblauen Rittersporen. Damit kein »stiller Ozean« entsteht, bedient man sich eines in Mixed Borders bewährten Tricks: Man setzt die einzelnen Staudenarten in sich wiederholenden Gruppen ins Beet. Das gibt dem Ganzen Rhythmus und Dynamik, zugleich sind diese Gruppen aber auch ein verbindendes Element in der Pflanzung.

Die Farbe Blau wirkt beruhigend und entspannend. In der Dämmerung entfaltet diese Rabatte eine geradezu mystische Ausstrahlung. Silberlaubige Arten wie Zwerg-Edelraute, Katzenminze, Blauschwingel oder die ausdrucksstarke Artischocke »verwischen« Konturen und erzeugen im Schummerlicht geradezu ätherisches Flair. Die weißen Highlights zwischen den blauen, lila und violetten Tönen strahlen sogar bis in die dunkle Nacht hinein.

So geht man vor

Hier lässt – anders als in dem berühmten Gedicht von Eduard Mörike – nicht der Frühling, sondern der Sommer sein blaues Band flattern, denn der Blütenhöhepunkt dieser Pflanzung liegt im Juni. Schneidet man Rittersporn und Katzenminze nach der ersten Blüte bis auf 10 cm über den Boden zurück, blühen sie ein zweites Mal im August/September gemeinsam mit der Clematis-Hybride. Die Stauden-Clematis blüht von Juni bis August durch. Akeleien und Fingerhut sollte man nach dem Verblühen ebenfalls zurückschneiden, da sie sich sonst sehr stark selbst aussäen. Gönnen Sie der mediterranen Artischocke etwas Winterschutz. Sie reagiert empfindlich auf Winternässe. Im Winter, am besten im November oder Dezember, stutzt man die Stauden-Clematis auf rund 30 cm über den Boden zurück und die Clematis-Hybride auf die Hälfte der Trieblänge. So entstehen in der nächsten Saison zahlreiche Blüten. Ein sonniger, aber nicht zu heißer Standort, etwa mit West- oder Süd-Ost-Ausrichtung, auf nährstoffreichem Boden bietet ideale Voraussetzungen für dieses Mixed Border.

Pflanzplan

Beetgröße ca. 2,5 x 1,2 m

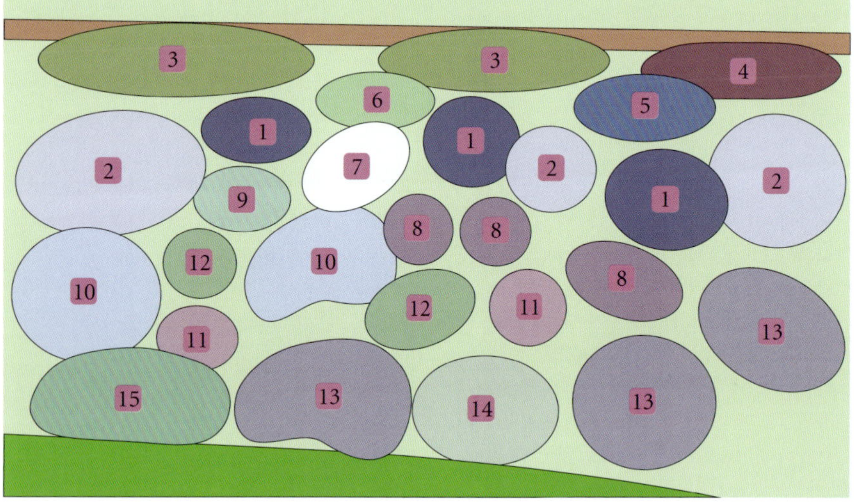

Pflanzliste

1. 3–4 Rittersporn (*Delphinium* Elatum-Hybride 'Faust')
2. 5–6 Rittersporn (*Delphinium* Elatum-Hybride 'Berghimmel')
3. 2 Kletterrose (*Rosa* 'Bobbie James')
4. 1 Kletterrose (*Rosa* 'Veilchenblau')
5. 1 Clematis (*Clematis*-Hybride 'Richard Pennel')
6. 1–2 Stauden-Clematis (*Clematis integrifolia*)
7. 3–4 Fingerhut (*Digitalis purpurea* 'Alba')
8. 4–6 Nachtviole (*Hesperis matronalis*)
9. 1 Artischocke (*Cynara scolymus*)
10. 4–6 Akelei (*Aquilegia*-Hybriden)
11. 3–4 Zierlauch (*Allium aflatunense* 'Purple Sensation')
12. 3–4 Bart-Iris (*Iris* Germanica-Hybride)
13. 4–5 Katzenminze (*Nepeta* × *faassenii*)
14. 1–2 Zwerg-Wermut (*Artemisia schmidtiana*)
15. 2–3 Blauschwingel (*Festuca glauca*)

Elegante Lilien

Ihr Auftritt ist ein Traum aus Duft und Farbe. Die Zwiebelpflanzen setzen extravagante Akzente in jede Prachtrabatte, überzeugen als Topfpflanzen und Schnittblumen.

Rechts: *Bauerngarten-Pflanzen inszenieren hier einen romantischen Traum. Die Große Knorpelmöhre (Ammi majus) umgarnt mit ihren filigranen Blütenschleiern duftende Königslilien. Borretsch, Fingerhut und Edeldisteln kontrastieren.*

Unten: *Das Beet-Ensemble lebt von kräftigen Komplementärfarben: Die Asiatische Hybride 'Orange Pixie' steuert Orange bei, Sommersalbei und Katzenminze Violett-Blau.*

Lilien betören mit mehreren verführerischen Eigenschaften: Allen voran rangiert der Duft vieler Lilien-Arten und -Sorten. Ein Stängel mit geöffneten Königs-Lilien *(Lilium regale)* in der Vase kann ein ganzes Zimmer parfümieren. Empfindliche Menschen reagieren auf so viel Duftintensität mitunter sogar mit Kopfschmerzen. Doch die Schwere der Düfte variiert innerhalb der großen Lilien-Familie stark. Es gibt auch völlig duftfreie Formen. Dann aber berauschen Lilien mit ihren intensiven

Farben oder bezirzen mit besonders auffälligen Blüten. Reines Weiß, Sonnengelb, feuriges Orange, leuchtendes Rot, zartes Rosa oder intensives Magenta – die Palette bietet fast alles außer Blau. Oft sind die Blüten trichter- oder trompetenförmig, oft glocken- bis schalenförmig. Manchmal schlagen die Spitzen der Blütenblätter nach hinten um, sodass sich turbanähnliche Formen ergeben. Bei einigen Wildformen sind sie 3 cm klein, bei manchen Zuchtsorten bis zu 30 cm riesig.

Natürlich verbreitet sind Lilien nur auf der Nordhalbkugel der Erde. Rund 100 Arten zählt man bis heute. Von den Wildarten spielen für den Garten vor allem die heimischen Vertreter wie die orangefarbene Feuer-Lilie *(Lilium bulbiferum)* und die purpurrosa Türkenbund-Lilie *(L. martagon)* eine Rolle. Beide blühen ab Juni. Ebenfalls auf der Beliebtheitsskala ganz oben steht die aus Ostasien stammende orangerote Tiger-Lilie *(L. lancifolium)*, die von Juli bis September ihre Blüten zeigt.

Zum uralten Garten-Adel gehört die reinweiße Madonnen-Lilie *(L. candidum)*. Zusammen mit der Rose führte sie das berühmte »Capitulare de villis« Karls des Großen an, die Liste der auf den kaiserlichen Pfalzen anzubauenden Pflanzen. Seit Jahrhunderten ist diese traditionsreiche, stark duftende Kulturpflanze daher aus Kloster- oder Bauerngärten nicht wegzudenken, wo die im Juni/Juli blühende Schönheit bis heute meist als Rosenbegleiterin gedeiht. Auch die ebenfalls weiße, nur etwas braunrosa überhauchte Königs-Lilie *(L. regale)* behauptet dort ihren Platz. Sie öffnet ihre Blüten jedoch erst ab Juli.

Wegweiser im Sorten-Dschungel

Die Schönheit der Lilien fasziniert die Menschen seit eh und je. So ist es kein Wunder, dass mit den verschiedenen Ausgangsformen intensiv Züchtung be-

trieben wurde, mit dem Ergebnis, dass heute Tausende von Sorten (Hybriden) existieren. Um das Riesenangebot zu strukturieren, fasst man Züchtungen mit ähnlichen Eigenschaften zusammen. Die wichtigsten Gruppen sind:

> Asiatische Hybriden: Sie spreizen ihre Becher- oder Schalenblüten weit auf. Meist stehen diese aufrecht oder seitwärts gerichtet an den Stängeln und duften nicht. Bei einigen Sorten gibt es auch türkenbundähnliche Blüten. Blütezeit Mai bis Juli.
> Orientalische Hybriden: Sie duften meist sehr stark und tragen große, becher- oder röhrenförmige Blüten, die oft zwei- oder mehrfarbig sind. Blütezeit meist erst ab August.
> Longiflorum-Hybriden: Sie entstanden durch Züchtung mit *L. regale.* Große, elegante, gut duftende Röhrenblüten sind ihr Markenzeichen, die gern als Schnittblumen verwendet werden. Im Garten sind sie nicht immer winterhart.
> Trompeten-Hybriden: Auch sie zeichnen sich durch riesige, seitwärts gerichtete Trichterblüten mit starkem Duft aus. Oft sind sie gestreift oder besitzen einen andersfarbigen Schlund. Blüte Juli/August.
> Amerikanische Hybriden: Türkenbundähnliche, meist gepunktete Blüten kennzeichnen diese Formen, die allerdings nur an kühl-feuchten, torfigen und halbschattigen Standorten gut gedeihen.

Im Allgemeinen schätzen Lilien sonnige bis lichtschattige Plätze. Der Boden muss tiefgründig, locker und nährstoffreich sein und viel Humus enthalten. Wichtig ist eine gute Wasserversorgung und gute Durchlässigkeit. Staunässe vertragen die dicken Zwiebeln gar nicht!

Die besten Begleiter

Im Bauerngarten: Borretsch, Buchs, Fingerhut, Glockenblumen, Knorpelmöhre, Rittersporn, Rosen, Sommermargeriten, Storchschnabel

Kontraststark zu Blaublühern: Edeldisteln, Katzenminze, Schleier-Eisenkraut, Sommersalbei

Feurige und Ton-in-Ton-Kombinationen: Montbretien, Schafgarben, Taglilien

Filigrane Pflanzenpartner: Engelshaar, Schleierkraut

Links: *Montbretien, Taglilien und gelbe Lilien lassen eine höllisch feurige Blüten-Melange entstehen. Damit es nicht zu viel wird, pflanzt man Lilien nur in kleinen Gruppen.*

Unten: *Eine ungewöhnliche und dennoch überzeugende Pflanzenkombination: Gräser und Lilien. Viele Grasarten sind zu expansiv als Lilienpartner. Doch das kurzlebige Engelshaar harmoniert gut.*

Blüten-Akzente setzen

Anders als viele frühlingsblühende Zwiebelblumen zählen Lilien sowohl vom Erscheinungsbild als auch von ihren Ansprüchen her zu den echten Prachtgestalten. Sie gehören daher in Staudenrabatten und andere üppige Gestaltungen. Da sie jedoch meist eintriebig wachsen und ihr Laub nach der Blüte einzieht, setzt man sie weder einzeln noch großflächig, sondern am geschicktesten in kleinen Tuffs ins Beet. Blaue Nachbarn (→ Seite 66, Foto) stehen allen Lilien gut, da diese Farbe in ihrem Sortiment nicht vorkommt.

Leuchtintensive Tupfer in der Rabatte

Die große Auswahl an warmen, sonnigen oder sogar feurigen Blütenfarben macht Lilien jedoch zu wertvollen Gestaltungselementen in temperamentvollen Pflanzungen. Im Beispiel oben heizen blutrote Montbretien *(Crocosmia)* der Sorte 'Lucifer' und orange glühende Taglilien *(Hemerocallis)* dem Betrachter teuflisch ein. Dahinter setzen Lilien der 'African-Queen'-Gruppe das Farbspektrum stringent ins Gelbe fort. Diese alles andere als zurückhaltende Kombination ist nichts für kleine Gärten, denn

sie rückt optisch auf den Betrachter zu und verkürzt die Distanz. Die Anordnung der Lilien in einem schmalen Pflanzband bündelt ihre Wucht etwas. Außerdem kaschieren die breiten Horste der Taglilien und Montbretien die Lücken nach dem Einziehen der Blätter.

Schwergewicht unter Filigranen

Im Beispiel auf Seite 68 rechts verleiht eine Gruppe Königslilien mit ihren großen Blüten der flirrenden Leichtigkeit der Beetpartner etwas mehr Substanz. Das naturnahe Erscheinungsbild, das die zarten Gräser, vor allem das kurzlebige flauschige Engelshaar *(Stipa tenuissima)*, sowie Schafgarben *(Achillea millefolium)*, Edeldisteln *(Eryngium)* und Schleierkraut *(Gypsophila)* hervorrufen, erhält durch die Lilien einen eleganten Anstrich. Möchte man dieser Pflanzung einen noch ausgeprägter naturnahen Charakter geben, wären heimische Türkenbund- und Feuer-Lilien anstelle der Königslilien eine passende Wahl.

Highlights für die Terrasse

Lilien lassen sich hervorragend in Töpfen ziehen. Auf sehr schweren Böden ist dies sogar der Gartenpflanzung vorzuziehen. Mit ihren attraktiven Blüten sind sie im Sommer ein hervorragender Terrassen- oder Balkonschmuck. Zudem kann man die duftenden Ballerinas so stets der Nase nach rücken und immer dort postieren, wo man sie gerade genießen möchte. Die Gefäße müssen ausreichend tief und standfest sein – besonders bei hohen Sorten. Denn Lilien werden 40–200 cm hoch.

Die wichtigsten Pflegehandgriffe

Lilien verhalten sich oft etwas kapriziös. So können Schnecken dem Lilien-Austrieb gefährlich werden und Lilienhähnchen – kleine rote Käfer – ganze Stängel entlauben. Erste Exemplare sollte man sofort entfernen. Zum Schutz vor Wühlmäusen setzt man die Zwiebeln in Drahtkörben in die Erde. Madonnen-Lilien überwintern mit frisch ausgetriebenen Blättern. Diese schützt man zum Beispiel mit umgestülpten Blumentöpfen vor Frost und Nässe.

Die Pflanzzeit beginnt mit den Madonnen-Lilien Ende August und reicht bei den anderen Gruppen bis Oktober. Spät blühende kann man auch im März/April pflanzen. Man steckt die Zwiebeln zwei- bis dreimal so tief in die Erde, wie sie hoch sind, Madonnen-Lilien nur 3 cm tief. Ins Pflanzloch gibt man eine Dränageschicht aus Sand oder Kies und bessert die Erde mit Kompost auf.

Links: *Die gelben Blüten gehören der Asiatischen Hybride 'Adelina'. Sie wird 90 cm hoch und eignet sich auch sehr gut für die Vase.*

Rechts: *Die schwungvoll zurückgeschlagenen Blütenblätter der Türkenbund-Lilie erinnern an einen Turban. Typisch sind die dunklen Pünktchen. Die Pflanzen werden 80–120 cm hoch.*

Fedrige Astilben

Sie gehören zu den Prachtgestalten des lichten Schattens und beleben ihn den ganzen Sommer lang mit filigranen Blütenwedeln und leuchtenden Farben.

Rechts: *Astilben sind die Blütenstars im Schatten. Blattschmuckpflanzen und Waldstauden passen immer in ihr Gefolge.*

Unten: *Hier setzt die Astilbe × arendsii 'Fanal' feurige granatrote Akzente ins Farn-Grün. Sie gehört zu den dunkelsten Sorten und wird rund 60 cm hoch.*

Mit Astilben werden die düsteren Seiten des Gartens zur bunten Bühne. Denn gerade dort zünden die Prachtspieren, wie die buschigen Stauden auch genannt werden, ihr Feuerwerk an peppigen Farben. Rot, Rosa, Purpur, Karmin, Magenta, Violett, Creme und Weiß haben sie in ihrem Repertoire – Farbtöne intensiv wie Laserstrahlen – und möbeln damit die oft von üppigem Laub geprägten Wald- und Schattenpartien kräftig auf. Dabei verleihen ihnen ihr buschiger, horstartiger Wuchs und die teilweise ansehnliche Größe auch außerhalb der Blütezeiten Präsenz im Beet. Dennoch wirken sie dabei nie wuchtig oder gar plump, denn das doppelt gefiederte, am Blattrand gesägte Laub hat etwas Feines und bewahrt sich eine gewisse Leichtigkeit, die zu den fedrigen, filigranen Blütenrispen passt.

Die Ausgangsarten stammen aus Ostasien, wo sie Berg- und Schluchtwälder bewohnten. Sie wurden jedoch intensiv züchterisch bearbeitet.

Aus der Zucht von Georg Arends

Vor allem der deutsche Züchter Georg Arends bereicherte das Angebot um wertvolle Gartensorten. Die wichtigste Astilbengruppe trägt daher seinen Namen. Nicht zuletzt ihm verdanken wir es, dass heute während der ganzen Saison blühende Prachtspieren in zahlreichen Tönungen und Größen zu bewundern sind. Man untergliedert das breite Angebot in folgende Hybrid-Gruppen:

> *Astilbe* Arendsii-Hybriden: Diese Sorten treiben oft rötlich aus. Sie werden 60–120 cm hoch und 50–70 cm breit. Von Juli bis September blühen sie in allen Farben, die das Astilben-Sortiment hergibt, und entwickeln dabei lockere, filigrane, sehr elegante Blütenrispen. Mitunter ist der Austrieb etwas spätfrostgefährdet.

> *Astilbe* Japonica-Hybriden: Sie blühen früher, von Juni bis Juli, und bilden etwas kompaktere, kegelförmige Rispen in allen Farben. Mit Höhen zwischen 40 und 60 cm und ebensolcher Breite bleiben sie meist kleiner als die Arendsii-Sorten.

> *Astilbe chinensis:* Die Formen dieser Art werden auch Teppich-Astilben genannt, weil sich die Pflanzen über Ausläufer ausbreiten. Sie sind etwas weniger empfindlich gegenüber Trockenheit als alle anderen Astilben, und sie blühen von August bis September/

Oktober. Die Zwerg-Prachtspiere (*A. chinensis* var. *pumila*) bleibt 20 cm klein. Die hohe Form *A. chinensis* var. *taquetii* erreicht 110 cm.

> *Astilbe* Thunbergii-Hybriden: Die 80–120 cm hohen Wald-Prachtspieren schmücken sich im Juli/August mit locker überhängenden Blütenrispen in Rosa, Lachsrosa und Weiß.
> *Astilbe* Simplicifolia-Hybriden: Sie heißen auch Glanzblatt-Astilben und bilden 40–60 cm hohe Pflanzen; Blütezeit Juli/August.
> *Astilbe* Crispa-Hybriden: Die Zwerg-Astilben tragen ebenfalls glänzendes, gekraustes Laub, bleiben aber 15 cm klein; Blüte Juli.

Alle Garten-Astilben lieben frische bis feuchte Böden und eine hohe Luftfeuchtigkeit. Gegenüber Hitze sind sie – mit Ausnahme der Zwerg-Prachtspieren – sehr empfindlich. In niederschlagsreichen Regionen auf nährstoffreichen, lehmigen Böden gedeihen sie am besten. Lichter, wandernder Schatten am Standort bietet ideale Bedingungen und ist tiefem Baumschatten vorzuziehen. Mit starkem Wurzeldruck kommen Astilben nicht gut klar. Prima gedeihen sie dagegen am Rande des Kronenschattens hoher Bäume oder an der schattigen, aber hellen Nord- oder Ostseite von Mauern und Gebäuden.

Partner für Blattschmuckpflanzen

Die Vorliebe für hohe Luftfeuchte, frische Böden und (halb-)schattige Verhältnisse teilen Astilben mit vielen Blattschmuckpflanzen. Farne, Funkien, Purpurglöckchen, Bergenien und Co. gehören daher zum klassischen Begleitorchester, das dennoch ganz unterschiedliche Saiten zum Klingen bringt.

Waldrand-Atmosphäre zaubern

Wer den Wald liebt, mag die Stimmung, die sich im flirrenden Spiel von Licht und Schatten unter dem kühlen Blätterdach breitmacht. Das gebrochene Licht beruhigt, der Geruch nach Humus und feuchter Erde lässt tief durchatmen, und die vielen Grüntöne der Farne und Bodendecker besänftigen das Auge und machen jeden Alltagsstress vergessen. Farne, diese mystischen, blütenlosen Wesen aus der Urzeit, passen mit ihren ausladenden Wedeln ganz hervorragend zu Astilben, die das Blütendefizit mit ihren intensiven Farben ausgleichen (→ Seite 70–72, Fotos). Kombiniert man, wie in obigem Beispiel, Fingerhut *(Digitalis purpurea)* und den immergrünen Kletterer und Bodendecker Efeu *(Hedera helix)* dazu, stellt sich ein verwunschenes, zauberhaftes Flair ein. Frauenmantel *(Alchemilla mollis)*, eine alte Hexen-

Links: *Zwergspieren bilden über Ausläufer mit der Zeit flächige Teppiche. Sie vertragen etwas mehr Trockenheit als die Hybriden.*

Unten: *Üppiger geht's nicht: Prächtige Blüher und großlaubige Stauden vermitteln Urwaldatmosphäre.*

pflanze, füllt mit ihren breiten Horsten weich behaarter Blätter zusammen mit Buchs und breitlaubigen Funkien die Lücken im Beet. Wenn sich hier nicht bald Elfen und Kobolde einstellen! Wollte man diese Pflanzidee erweitern, würden Eisenhut *(Aconitum)*, Wald-Glockenblumen *(Campanula latifolia)*, Silberkerzen *(Cimicifuga racemosa)*, Akeleien *(Aquilegia)*, Herbst-Anemonen (*Anemone*-Hybriden) oder Rhododendron die zauberhafte Wald-Stimmung perfekt ergänzen.
Noch naturnaher gibt sich das Ensemble im Beispiel oben links. Hier übernimmt die Teppich-Astilbe (*A. chinensis* var. *pumila*) selbst die Funktion des Bodendeckers zwischen dem hübschen Laub der Purpurglöckchen *(Heuchera)* und den Trichterhorsten des Wurmfarns *(Dryopteris)*. Als sanft geschwungener Drift bringt sie mit ihren straff aufrechten Blütenstängeln Farbe ins Grün. Diese Pflanzung könnte einen Weg säumen oder einen Teppich vor einem Schattensitzplatz ausbreiten.

Urwaldflair mit Prachtstauden

Naturnahe Stimmung und Zurückhaltung ist nicht jedermanns Sache. Auch im Schattengarten kann man in die Vollen gehen. Mit hoch aufschießenden Astilben-Sorten setzt man mächtige Tuffs in halbschattige Rabatten. Die gute Versorgungslage eines frisch-feuchten, nährstoffreichen Standorts erlaubt dazu die Pflanzung großlaubiger Stauden. Im Beispiel oben rechts setzt das Schildblatt *(Darmera peltata)* ein optisches Gegengewicht zur weißen Astilben-Fontäne. Mit seinen riesigen runden Blättern, von denen jedes 50–80 cm Durchmesser hat, zieht Urwaldflair in die Pflanzung ein. Unterstützung bekommt es von Bergenien sowie grün- und blaulaubigen

Unten: *Wie von Künstlerhand mit dem Pinsel hingetuscht: Wiesenknopf, Gräser und Teppich-Astilben zaubern filigrane Strukturen in die Pflanzung.*

Funkien im Vordergrund, deren herzförmige Blätter ebenfalls enorme Ausmaße annehmen und tropische Üppigkeit im kühlen Norden suggerieren. Im Zentrum der Staudengesellschaft setzt ein mächtiger Horst des schwarzäugigen Storchschnabels seinen pinkfarbenen Tusch, getoppt von ein paar Schlafmohnblüten. Den Rahmen im Hintergrund bilden hohe Nadelgehölze mit ihren undurchschaubaren grünen Wänden und Blauregen *(Wisteria)*. Der ungestüme Schlinger wirkt ebenfalls wie frisch dem Dschungel entwunden und webt mit seinen »Lianen« die Laube in einen dichten grünen Vorhang ein.

Impressionistische Bilder mit filigranen Gräsern

Charme entfaltet aber auch der Gegenentwurf zum wuchtigen Urwaldbild. Statt Riesenlaub mit XXL-Blattspreiten harmonieren auch die zierlichen Halme vieler Gräser gut zu Astilben. Sie greifen die Zartheit der feingliedrigen Blütenrispen auf und verstärken deren filigranes Erscheinungsbild mit ihren beweglichen, schmalen Halmen, die bei jeder Windbewegung flattern. Prädestiniert von den Standortansprüchen her sind Wald- und Schattengräser, wie Japan-Segge oder Japanisches Waldgras.
Zu den etwas trockenheitsverträglicheren Chinensis-Astilben jedoch lassen sich, wie das Beispiel auf dieser Seite zeigt, auch weitere Arten pflanzen, die eher prärieartige Bilder kreieren. Rutenhirse (*Panicum virgatum* 'Strictum') und Atlas-Schwingel *(Festuca mairei)* geben mit ihrem feinen, transparenten Linienspiel der Pflanzung Eleganz und Grazie. Sie lassen aus der Ferne betrachtet die Konturen verschwimmen, sodass der Gesamteindruck an ein impressionistisches Gemälde erinnert. Pointillistisch setzt der Wiesenknopf *(Sanguisorba officinalis)* seine Blütentupfer dazu. Herbst-Helmkraut *(Scutellaria incana)* changiert mit seinen zartblauen Blütenrispen fantastisch zur Astilbe 'Purpurlanze'. Im Hintergrund greifen Pupursonnenhut, Kerzenknöterich und Wasserdost die Astilbenfarbe auf.

Die wichtigsten Pflegehandgriffe

Um Ihre Astilben in guter Form zu halten, ist eine gute Wasserversorgung absolut vorrangig. In Trockenperioden sollte man sie daher unbedingt durchdringend wässern. Im Frühjahr schneidet man die abgestorbenen Triebe zurück und deckt den Wurzelbereich mit einer guten Lage Kompost ab. Das dient zur Düngung und füllt gleichzeitig die gelegentlich aus der Erde herauswachsenden Wurzelansätze wieder auf.

Die besten Begleiter

Im Waldgarten: Akelei, Efeu, Eisenhut, Farne, Fingerhut, Frauenmantel, Funkien, Herbst-Anemone, Hortensien, Purpurglöckchen, Rhododendron, Silberkerze, Waldgeißbart, Wald-Glockenblume
Großlaubige Partner: Bergenien, Funkien, Gunnera, Ligularie, Schaublatt, Tafelblatt, Wasserdost
Gräser: Atlas-Schwingel, Japanisches Waldgras, Japan-Segge, Rutenhirse

Volle Blütenpower im Halbschatten

Ein rosaroter Spätsommer-Traum ist dieser (Halb-)Schattengarten. Die farbintensive Mischung aus Stauden und Gehölzen straft jeden lügen, der behauptet, Schattengärten seien langweilig. Blüten von opulenter Größe und in unglaublicher Fülle erscheinen Kopf an Kopf. Sie beleuchten die Schattenseiten des Gartens auf brillante Art und Weise. Diese Ecke hat das Potenzial, an heißen Hochsommertagen zum Lieblingsplatz der Familie zu avancieren. Hierher zieht man sich gern vor der Hitze zurück, um auszuspannen, Siesta zu halten oder mit Freunden zu plaudern.
Der Platz ist von hoher Luftfeuchtigkeit und frischer bis feuchter, nährstoffreicher Erde gekennzeichnet. Diese üppigen Verhältnisse drücken sich in den großlaubigen und blattreichen Pflanzengestalten aus, die hier gedeihen. Wasserdost bildet mit seinen 180–200 cm hohen, dicht belaubten Horsten einen blickdichten grünen Hintergrund. Von Juli bis September krönen riesige rosa Blütenkuppeln seine hohen Stängel – wie helle Schaumkronen auf einem grünen Meer.

Formkontraste – Farbharmonie

Im Vordergrund teilen sich verschiedene, Ton in Ton aufeinander abgestimmte Astilben-Sorten und Bauern-Hortensien die Farbträgerrolle. Während Letzte mit ihren runden Blütenbällen Wucht und Nachdruck ins Beet bringen, versprühen die Astilben filigrane Leichtigkeit. Wie Gischt scheinen die hellrosa Rispen zwischen den Wogen der anderen Staudenhorste aufzuspritzen. Dazwischen ziehen die schlanken weißen Blütengriffel des Ehrenpreises eine feine Trennlinie, und der Purpur-Sonnenhut setzt mit seinen flachen Strahlenblüten einen weiteren Formkontrast in die Beetmitte. Von Juli bis September blühen die Beetpartner gemeinsam. Die Hortensien halten sogar bis Oktober durch. Den Beetabschluss bilden Purpurglöckchen, die mit ihren herzförmigen Blättern runde, breite Polster bilden, sowie kriechende Efeuranken.
Eine purpurlaubige *Heuchera*-Sorte könnte hier eine dekorative Alternative sein, die das Farbspiel der Blüten im selben Spektrum aufgreift. Die Ausfärbung der Hortensien hängt von der Boden–reaktion ab. Je saurer der Standort, desto mehr tendiert die Blütenfarbe ins Bläuliche. Dann könnte man die Pflanzung stimmig um violettblaue Partner wie Wald-Glockenblumen, Eisenhut oder auch um violette Ehrenpreis-Sorten ergänzen.
Purpur-Sonnenhut und Ehrenpreis brauchen für eine gute Entwicklung eher sonnige, warme Standorte. Sollte sich Ihr Beet als zu schattig für diese Lichtliebhaber erweisen, könnte man mithilfe von Herbst-Anemonen flache rosa Blütenschalen ins Beet bringen und die schlanken Kerzen des Ehrenpreises ebenbürtig gegen Fingerhut oder Silberkerzen austauschen.

So geht man vor

Als Pflanzzeit für Spätblüher ist das Frühjahr zu empfehlen. Setzen Sie zuerst die Hortensien, sie benötigen die größten Pflanzgruben. Danach pflanzt man die Stauden und arbeitet sich dabei vom Beethintergrund zum Beetrand vor. Ein tiefgründiger, humoser, lehmiger Boden ist die wichtigste Voraussetzung für gutes Gelingen. Außerdem sollte man in sommerlichen Trockenperioden immer ausreichend gießen. Zur Düngung bringt man in jedem Frühjahr einen organischen Volldünger oder – noch besser – Kompost aus. Er sorgt zugleich für Nachschub an organischem Material. In jedem Frühjahr schneidet man die Stauden bis kurz über den Boden zurück. Sämlinge werden laufend entfernt, und gelegentlich verweist man den Efeu mit dem Spaten in die Schranken.

Pflanzplan

Beetgröße ca. 3 x 2,5 m

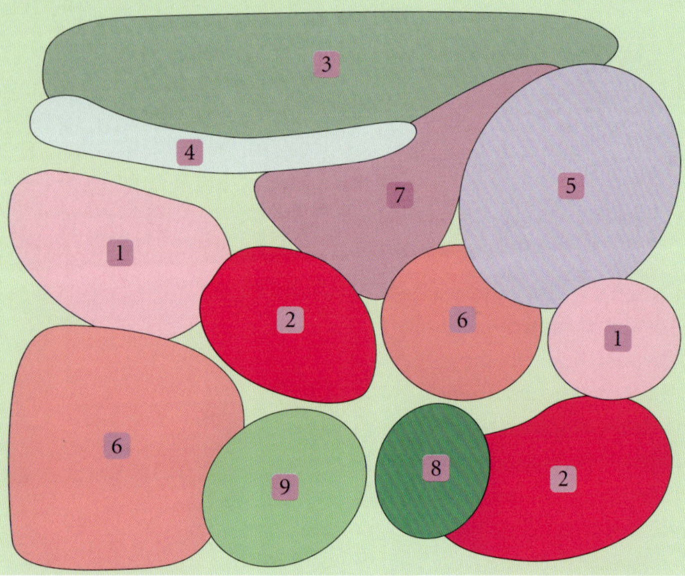

Pflanzliste

1. 3–5 Astilbe (*Astilbe × arendsii,* z. B. 'Grete Prüngel')
2. 4–7 Astilbe (*Astilbe*-Hybride, z. B. 'Serenade')
3. 2–3 Wasserdost *(Eupatorium maculatum)*
4. 3–4 Langblättriger Ehrenpreis (*Veronica longifolia* 'Schneeriesin')
5. 1 Hortensie (*Hydrangea macrophylla,* z. B. 'Compacta')
6. 2 Hortensie (*Hydrangea macrophylla,* z. B. 'Masja')
7. 3–4 Purpur-Sonnenhut *(Echinacea purpurea)*
8. 1–2 Purpurglöckchen (*Heuchera × brizoides* 'Ricard')
9. 1 Efeu *(Hedera helix)*

Romantischer Phlox

Dieser Inbegriff einer Rabattenstaude besticht durch große, gewölbte Blütenkuppeln in Weiß, Rosa und Purpurviolett und oft auch durch herrlichen Duft.

Rechts: *Phlox 'Bright Eyes' und Ehrenpreis blühen gemeinsam mit einjährigen Sommerblumen wie Löwenmäulchen, Schmuckkörbchen und Scharlach-Salbei einen ganzen Sommer lang.*

Unten: *Mut zur Farbe beweist die Kombination von violetten Phlox-Sorten mit orangefarbenen Montbretien. Die Knollenpflanze wird bis zu 100 cm hoch.*

»Ein Garten ohne Phlox ist ein Irrtum«, lautete das Credo des großen Staudenkenners Karl Foerster. Und tatsächlich – fast keine Prachtstaudenrabatte, die diesen Namen verdient, kommt ohne diesen verschwenderischen Sommerblüher aus. Die feminine Farbpalette und der wunderbare Duft vieler Sorten empfehlen den Phlox besonders für romantische Pflanzungen und Gartengestaltungen.
Um Missverständnissen vorzubeugen: Man unterscheidet zwei Gruppen von Phlox. Für die Prachtrabatte prädestiniert sind nur die hohen Arten, allen voran der Hohe Phlox *(Phlox paniculata)*, auch Hohe Flammenblume genannt, aber auch der Wiesen-Phlox *(Phlox maculata)*. Daneben gibt es noch niedrig bleibende Arten, die ihren Charme eher im Steingarten entfalten wie der Teppich-Phlox *(P. subulata)* oder am Gehölzrand der Wald-Phlox *(P. divaricata)*.

Eine amerikanische Diva

Alle Stammformen des Phlox stammen aus Nordamerika. Dort besiedelten sie lichte Wälder und gediehen oft in Flussnähe. Aus diesem Wissen lassen sich die Standortvorlieben ablesen. Die Gartenschönheiten, die nach langer und intensiver Züchtung in großer Zahl entstanden sind, mögen zwar sonnige Plätze, beanspruchen aber immer noch eher frischen bis feuchten Boden und kühle Luft. Nährstoffreich und humos soll der Untergrund sein, damit sie prachtvoll gedeihen und gesund bleiben.
Ein wenig Diva spielt der Phlox schon ganz gern: Hitze ist ihm unangenehm und macht ihn anfällig für Mehltau und Stängelälchen. Zu große Nähe zu »Nebendarstellern«, sprich Beetnachbarn – besonders zu hoch aufragenden –, quittiert er ebenfalls gern mit Mehltau. Und auch die Rolle des »Mauerblümchens« vor hitzestauenden Wänden wird er schnell verweigern. Gesteht man dem Hohen Phlox jedoch die Hauptrolle bei besten Bedingungen in der Rabatte zu, wird er sicher nicht enttäuschen, sondern mit seinen Talenten alle Erwartungen übertreffen.
Er glänzt mit langer Blüte zur schönsten Zeit des Jahres. Bei geschickter Sortenwahl darf man den ganzen Sommer über, von Ende Juni bis September, die herrlichen Farben genießen. Weiß und Rosa in vielen Pastelltönen gehören zum Repertoire. Viele Sorten sind zweifarbig und schmücken sich mit einem

dunkleren »Auge«. Aber auch kräftige Purpur- und Violettnuancen – je nach Sorte – hat der Phlox parat.
In Sachen Statur beweist er ebenfalls Format: 50–150 cm hoch werden die mit schmal-lanzettlichen Blättern belaubten Horste.

Mit einjährigen Sommerblumen um die Wette blühen

Seine Sommerblüte und die gehobenen Ansprüche an die Wasser- und Nährstoffversorgung teilt der Phlox mit einjährigen Sommerblumen. Kein Wunder also, dass er häufig mit diesen dauerblühenden Beetschönheiten kombiniert wird. »Wer ist die Schönste im ganzen Land?« Diese Frage scheint dann das Motto zu sein. Denn alle verausgaben sich in verschwenderischer Blütenfülle. Viele Einjährige schmücken sich jedoch mit sehr intensiven, mitunter grellen Farben, die nicht immer einfach zu kombinieren sind. Im Beispiel rechts beschränken sich die Beetpartner auf das Blau-, Violett-, Rosa-, Weißsegment und changieren so harmonisch Ton in Ton. Weiße Sommermargeriten (*Leucanthemum × suberbum*) und Ehrenpreis *(Veronica spicata)* – beides Stauden – bilden zusammen mit den zarten, violetten, einjährigen Schmuckkörbchen *(Cosmos bipinnatus)* den Vordergrund. Löwenmäulchen *(Antirrhinum majus)* in Weiß und Apricotrosa rahmen den Phlox ein. Die pastellfarbene Sorte 'Bright Eyes' mit ihrem dunkelvioletten Auge bringt das Farbspiel des Ensembles perfekt auf den Punkt. Nur die einjährige Scharlach-Lobelie *(Lobelia fulgens)* setzt eine leuchtend rote Fackel als Kontrast ins ansonsten harmonische Zusammenspiel.
Die einjährigen Beetpartner dieser Pflanzung müssen natürlich jedes Jahr neu ausgesät und eingepflanzt werden – das eröffnert aber auch die Chance zu immer neuen Farbspielen.

Unverzichtbarer Farbträger im klassischen Bauerngarten

Geradezu untrennbar ist der Hohe Phlox mit Bauerngärten verbunden. Er gehört gewissermaßen zur Stauden-Grundausstattung dieses Gartentyps.

Rückgrat in buchsgesäumten Beeten

Im traditionellen Bauerngarten fungiert Buchs als formaler Strukturgeber. Er säumt die Wege und grenzt die Beete klar ab – wie das Beispiel unten zeigt. Oft prägt ein Wegekreuz die Gesamtanlage, in deren Zentrum sich ein Rondell befindet. In den Beeten tummeln sich Gemüse, Kräuter, Heil- und Nutzpflanzen, aber auch üppig blühende Stauden. Sie liefern den Stoff für farbenprächtige Sträuße, mit denen die Zimmer des Hauses geschmückt werden. Die riesigen Kuppeln des Phlox mit ihren herrlich romantischen Farben sind dafür wie geschaffen. Je nach Sorte duften sie auch noch mehr oder weniger stark. Sie füllen die Vase mit ihrem Volumen und lassen sich mit vielen anderen Blüten prima kombinieren. Karl Foerster konstatierte treffend: »Ein Strauß füllt tagelang ein Zimmer mit seiner festlichen Luft, als sei Tragik nur ein schwerer Traum.«

In den Beeten ist Phlox jedoch ebenso vielfältig einzusetzen. Sein etwas »altmodischer« Blütencharme passt stilecht ins traditionsreiche Buchs-Ambiente. Die große Farbpalette hält immer die passende Sorte bereit, um sie mit den zeitgleich blühenden Partnern im Beet harmonieren zu lassen. Und nicht zuletzt erlauben die Größenunterschiede der Sorten stets eine perfekte Höhenstaffelung im Beet.

Hohe Sorten wie 'Weiße Wolke' oder die hellviolett bis rosafarbene 'Landhochzeit' überragen im Hintergrund das Meer der anderen Pflanzen, die zum Wegrand hin immer kleiner werden. Auch an den Zaun gelehnt machen sie eine gute Figur. Kompaktere Sorten wie 'Würtembergia' oder 'Uspech' können dagegen auch als Füllstauden fungieren oder direkt am Buchssaum ihre Horste entfalten. Die verschiedenen Staturen der einzelnen Varietäten machen auch reine Phloxbeete möglich, die dennoch in Höhe und Farbnuancen fein abgestimmt sind.

Das Beispiel links zeigt einen Bauerngarten nostalgischer Konzeption, in dem verschiedene Phlox-Sorten tragende Rollen spielen. Hellrosa, karminrot und violett bilden sie das hohe Rückgrat der Beete rechts des Wegs. Weiße Sommermargeriten vermitteln zwischen den Phloxfarben und den Gelb-Orange-Tönen der Ringelblumen, die davor ihre orangefarbenen Scheibenblüten entfalten. Die uralten Heil-

Unten: *Niederdeutscher Bauerngarten nach klassischem Vorbild: In den formal angelegten Beeten sorgen Ringelblumen und verschiedene Phlox-Sorten für Farbe.*

pflanzen dürfen in keinem Bauerngarten fehlen. Sie bilden die Grundlage für hautpflegende Salben und krampflösenden Tee. Außerdem sind sie in der bäuerlichen Mischkultur geschätzt, weil sie den Boden gesund erhalten.

Gesunde Mischkultur

Ringelblumen *(Calendula officinalis)* reduzieren Nematoden (Älchen) im Boden – winzige, fadenförmige Organismen, die auch gern Phlox befallen und dafür sorgen, dass sich dessen Blätter zunächst unschön kräuseln. Später können die Pflanzen dann gänzlich eingehen. Die Nachbarschaft der Ringelblumen tut den Prachtstauden also gut. Die gleiche Wirkung haben auch Studentenblumen *(Tagetes)*, die deshalb ebenso häufig in Bauerngärten angepflanzt werden. Auch dem gelb blühenden Mädchenauge (*Coreopsis*, → Foto ganz rechts) sagt man Nematoden-reduzierendes Potenzial nach.

Gewagte Farb-Experimente

Finden Sie Gelb und Orange kombiniert mit rosa- und violettblühendem Phlox zu schrill? Was im Allgemeinen gelten mag, ist im Bauerngarten durchaus stilecht. Hier sind gewagte Farbmischungen erlaubt oder sogar gewollt. Das kunterbunte Miteinander von Nützlichem und Schönem gehört zum typischen Bild. Statten Sie Ihren Bauerngarten oder die Bauerngarten-Ecke Ihres Grundstücks mit typischen Merkmalen und Accessoires aus – wie einem rustikalen Holzzaun, Buchseinfassungen, Rindenmulch-Wegen und Kräutertöpfen – dann können Sie sich dort getrost auch an Farb-Experimente wagen, die man anderswo nicht realisieren würde. Und wer dennoch gedecktere Farben bevorzugt, kann beim Phlox immer noch dunkel bläulich-violette Sorten wählen und diese mit der Komplementärfarbe Gelb-Orange kombinieren – ein Duett, das immer apart aussieht. Im Beispiel oben rechts kontrastieren gelbes Nadelblättriges Mädchenauge *(Coreopsis verticillata)* mit der tiefvioletten Phlox-Sorte 'Düsterlohe'. Die Schafgarbe (*Achillea millefolium* 'Kirschkönigin') gibt ihr Rosarot dazu. Alle drei Stauden gehören zu den typischen Bauerngarten-Repräsentanten. Mädchenauge ist eher kurzlebig, aber mit seiner Dauerblüte von Juni bis September und dem feinen, nadelartigen Laub eine echte Bereicherung für jedes Beet. Schafgarben fallen durch ihre Blütenschirme auf, die sich von anderen Formen immer interessant abheben. Ihr fein gefiedertes Laub duftet herb-aromatisch.

Links: *Die üppigen, voluminösen Blütenkuppeln des Phlox machen sich auch gut in der Vase. Der Duft entfaltet sich bei den Sorten unterschiedlich stark und hängt auch von der Tagestemperatur ab.*

Rechts: *Phlox 'Düsterlohe' mit Schafgarbe und gelbem Mädchenauge. Die dunkelviolette Sorte wird rund 90 cm hoch und duftet zart.*

Rechts: *Strahlendes Weiß von Phlox und Ehrenpreis dominiert die Szene. Pastellfarbene Phlox-Sorten und Begleiter tönen den Hintergrund dezent ein.*

Unten: *Im Dämmerlicht kommen die Farben des Phlox und der Blauraute am schönsten zur Geltung. Ton in Ton begleiten Purpur-Sonnenhut und Indianernesseln das romantische Ensemble.*

Pastellfarbene Rabatten-Träume in kühl-romantischen Farben

Das Sortenspektrum des Phlox offeriert ungewöhnlich viele Pastelltöne, von Zartrosa über Hellviolett bis Blasslila. Ein charmanter Fundus, der Romantikerherzen höher schlagen lässt und den Phlox zur Staude der Wahl für verträumte Beetgestaltungen macht.

Entrückte Atmosphäre durch Blütenwolken in Rosarot und Zartlila

Das Pflanzbeispiel auf dieser Seite verdeutlicht die Magie der Farben und des Lichts. Hier kann man dem Alltag entfliehen und sich auf den Flügeln der Fantasie davontragen lassen, den Gedanken nachhängen oder Inspiration finden. Besonders zur blauen Stunde, wenn die Sonne mit den letzten flachen Strahlen die Blüten sanft illuminiert und schließlich die Dämmerung hereinbricht, beginnt dieses Beet von innen her zu leuchten und entfaltet eine herrlich melancholische Stimmung. Ton in Ton glimmen die hellrosa Phlox-Kuppeln mit den Strahlen des Purpur-Sonnenhuts *(Echinacea purpurea)* im Grün, dessen braunrote Knopfaugen wiederum mit den rotvioletten Puschelköpfen der Indianernesseln *(Monarda)* um die Wette glühen. Über allem breitet die Blauraute *(Perovskia)* ihre blasslila Blütenwolke aus und besänftigt die hitzigen Akzente mit ihrem kühlen Farbton. Mit seinem zarten, aromatischen, silbergrauen Laub gibt der Halbstrauch der Szene, besonders im schwachen Dämmerlicht, eine ungemein ätherische Note. Die Konturen des Grüns verschwimmen dann schnell, und die Blüten scheinen förmlich zu schweben. Geben Sie dem pflegeleichten Sonnenanbeter etwas Sand oder Kies mit ins Pflanzloch, denn er steht gern etwas trockener und karger als seine Begleiter. Von Juli bis September blühen alle Beetpartner gemeinsam. In dieser Zeit lassen sich die Abende im Freien am besten genießen. So ist diese Pflanzung der ultimative Tipp für alle, die ihren Garten erst abends nach der Arbeit genießen können.

Vornehm-festliche Eleganz

Die zahlreichen weißen Blüten in der Rabatte auf Seite 81 geben der ganzen Pflanzengesellschaft einen festlichen Anstrich. Der reinweißer Phlox mit seinen runden Kuppeln hebt sich dennoch deutlich von den ebenso reinweißen, schlanken und spitzen Kerzen des Ehrenpreises *(Veronica)* ab. Diese Variation der Formen bei gleicher Blütenfarbe bietet dem Auge spannende Abwechslung. Dazu gesellen sich Phlox-Sorten in zarten Rosa- und Violetttönen. Sie kontrastieren zu Weiß weniger, sondern untermalen es eher sanft. Das Gleiche gilt für die dezent rosagrauen Blütenwalzen des Kerzen-Knöterichs (*Bistorta amplexicaulis* 'Roseum') im Hintergrund. Er legt mit seinen zahlosen Blüten, die am Ende langer Stängel tanzen, eine pastellfarbene Schicht über das Blattgrün, die aus der Ferne betrachtet wie ein feiner Schleier wirkt und die romantische

Note der Pflanzung wirkungsvoll verstärkt. Im Vordergrund setzen Kugeldisteln *(Echinops ritro)* mit ihren stahlblauen Stachelköpfen vornehme Akzente. Sie bevorzugen wie der Ehrenpreis eher sonnige, warme Standorte und fühlen sich daher in dieser Pflanzung nur im vorderen Beetteil wohl, während der Halbschatten und feuchte Böden liebende Knöterich nur im hinteren, von der Baumkrone beschatteten Teil der Rabatte gut gedeiht.

Die wichtigsten Pflegehandgriffe

Das Beste, was Sie für Ihrem Phlox tun können, ist eine sorgfältige Standortwahl: Sonnig, aber nicht heiß sollte er sein und frische bis feuchte Erde aufweisen. Bei Trockenheit, Nährstoffmangel, zu dichtem Stand oder an hitzestauenden Plätzen reagiert er mit deutlich erhöhter Anfälligkeit für Mehltau- und Älchenbefall.
Daher sollte man in jedem Frühjahr mit einer Volldüngergabe für einen guten Saisonstart sorgen. Im Sommer wird der Phlox stets gut gegossen, allerdings nie über das Blatt, sondern immer direkt in den Wurzelbereich – denn feuchtes Laub zieht Mehltau an. Verblühtes sollte man laufend entfernen, der Phlox neigt sonst zur Selbstaussaat. Die Sämlinge sind keine Zier: Sie blühen blasser und unscheinbarer und überwuchern obendrein die Zuchtsorten umso schneller.
Mit einem kleinen Trick lässt sich die Blütezeit ausdehnen: Kürzt man etwa Mitte Juni einen Teil der Stängel um rund ein Drittel ein, blühen diese später auf. Die Blüte verlängert sich so bis weit in den September hinein.
Der Zeitpunkt zur Vermehrung durch Teilung oder Stecklinge ist das Frühjahr.

Die besten Begleiter

Einjährige: Jungfer im Grünen, Löwenmäulchen, Mehl-Salbei, Scharlach-Lobelie, Schmuckkörbchen, Vanilleblume
Im Bauerngarten: Buchs, Mädchenauge, Ringelblume (einjährig), Rittersporn, Sommermargeriten, Schafgarben, Tagetes (einjährig)
Romantisch: Blauraute, Duftnessel, Ehrenpreis, Gartensandrohr, Indianernessel, Kugeldistel, Purpur-Sonnenhut, Wiesen-Knöterich

Hochsommerduft liegt in der Luft

Dieses Beet spricht mehrere Sinne gleichzeitig an. Die leuchtkräftigen Blau-, Violett- und Purpurtöne bezaubern den Betrachter und schmeicheln dem Auge. Aber auch die Nase wird verführt. Augen schließen und tief einatmen – und schon betört einen der Hochsommer mit seinen würzigen und blumigen Aromen, beflügelt Geist und Seele und lässt einen wünschen, diese Jahreszeit möge nie zu Ende gehen. Gerüche sind eng mit Gefühlen verbunden, da beide in einem uralten Teil des Gehirns verarbeitet werden. So rufen Sommerdüfte meist Erinnerungen an glückliche Kindertage, unbeschwertes Spiel und heitere Ausgelassenheit hervor.
Mit dieser Pflanzenkombination holt man sich ein Stück vom Sommerglück in den Garten. 'Blue Paradise' ist nicht nur der blaueste Phlox, den es gibt, vielmehr changiert seine Farbe je nach Licht und nimmt im Abendlicht die intensivste Blautönung an. Darüber hinaus verführt er – nomen est omen – mit paradiesischem Duft.

Je wärmer, desto aromatischer

Warme Temperaturen fördern die Duftstärke, denn dann verdampfen die ätherischen Öle, die Träger der Duftstoffe, stärker. Zu große Hitze lässt sie allerdings auch rasch verpuffen.
In das blumige Parfüm des Phlox mischen sich die würzigen Aromen der Indianernesseln. Sowohl Blüten als auch Blätter dieser Pflanzen geben ihr spezifisches Odeur ab. Der Duft des Laubs erinnert etwas an die Frische der Minze, bei manchen Sorten auch an Zitrusdüfte. Nicht zuletzt steuern die Blätter der Duftnesseln, auch Anis-Ysop genannt, ihr süßes Aroma bei. Für die einen riecht es nach Fenchel, andere erkennen eine Lakritznote darin. In jedem Fall entfesselt es die ganze Fülle des Sommers, sobald man mit den Fingern durch das Laub streift. Das Gartensandrohr setzt zwar keine Duftnote frei, seine ockerfarbenen Blütenähren bringen jedoch einen hochsommerlichen Farbakzent ins Beet und flirrende Lichtreflexe, wenn die biegsamen Halme hin und her schaukeln. Mit ihrem sanften Geraschel fügen sie Optik und Duft noch eine akustische Komponente hinzu und geben dieser amerikanischen Pflanzengesellschaft den stilechten Prärie-Look.

So geht man vor

Duftnessel und Gartensandrohr sollte man im Frühjahr pflanzen. Die anderen Stauden können sowohl im Herbst als auch im Frühjahr gesetzt werden. Alle lieben – wie der Phlox – sonnige bis lichtschattige Standorte auf nährstoffreichen Böden. Für die Duftnesseln sollte der Untergrund jedoch gut wasserdurchlässig sein. Auch die Blütezeiten der Beetpartner decken sich weitgehend und kulminieren im Juli und August zum gemeinsamen Höhepunkt. Leider weisen die Indianernesseln die gleiche Neigung zum Mehltaubefall auf wie der Phlox. Für sie gelten daher dieselben Leitlinien zu Standort und Pflege: Luftig und nicht zu eng pflanzen und stets ausreichend gießen.
In jedem Frühjahr zum Austrieb gibt man der ganzen Gesellschaft eine Lage Kompost oder einen organischen Volldünger ins Beet. Die aufrechten Horste der Indianernesseln sind nicht immer ganz standfest – eventuell muss man sie stäben. Beim Phlox entfernt man laufend Verblühtes, im Herbst schneidet man Phlox und Indianernesseln ab. Sämlinge beider Arten entfernt man. Gartensandrohr und Duftnesseln stutzt man erst im Frühjahr zurück. In rauen Lagen freut sich das Duftkraut über einen leichten Winterschutz. Indianer- und Duftnesseln sollte man alle drei bis vier Jahre teilen und verpflanzen – die Ersten, weil sie kurzlebig sind, die Zweiten, damit sie sich nicht zu sehr ausbreiten.

Pflanzplan

Beetgröße ca. 1,5 x 1,5 m

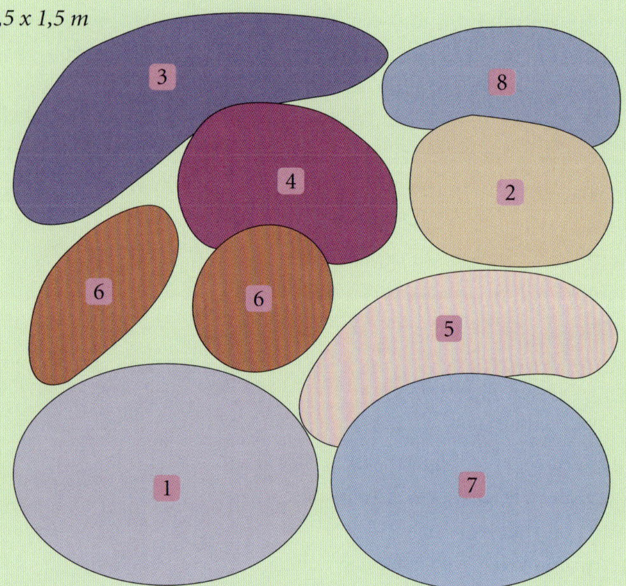

Pflanzliste

1. 2–3 Phlox (*Phlox paniculata* 'Blue Paradise')
2. 1 Gartensandrohr (*Calamagrostis × acutifolia* 'Karl Foerster')
3. 3–4 Indianernessel (*Monarda*-Hybride 'Blaustrumpf')
4. 2–3 Indianernessel (*Monarda-Fistulosa*-Hybride 'Kardinal')
5. 3–4 Indianernessel (*Monarda*-Hybride 'Cherokee')
6. 2–3 Indianernessel (*Monarda didyma* 'Squaw')
7. 3–4 Duftnessel (*Agastache foeniculum*)
8. 2–3 Kandelaber-Ehrenpreis (*Veronicastrum virginicum*)

Heitere Sonnenbraut

Mit dieser freundlichen, reich blühenden Staude ziehen die Farben der Sonne ins Beet ein. Dichte Büschel in Gelb, Orange, Kupfer, Rot strahlen wie der August.

Rechts: *Spritzig wie ein Frucht-Cocktail wirkt diese Kombination aus orangefarbener Sonnenbraut und pink leuchtendem Wiesenknopf.*

Unten: *Hier spielt die Sonnenbraut die zweite Geige. 'Waltraut' untermalt einen Rizinus mit ihrem kupferfarbenen Blütenmeer. Im Hintergrund kontrastiert die gelbe Sonnenblume 'Meteor'.*

Vom Blattgrün ist fast nichts mehr zu sehen, wenn die Sonnenbräute (*Helenium*-Hybriden) ihre Körbchenblüten öffnen. Je nach Sorte geschieht das zwischen Juli und September. Dann verwandeln sich die breiten, aufrechten Horste in riesige farbige Sträuße, so dicht sitzen die Einzelblüten in Büscheln am Ende der Triebe zusammen. Mit ihren warmen Farben vermitteln sie die Glut des Hochsommers selbst an kühleren Tagen. Gelb, orange, kupferfarben, rot – oft sogar zweifarbig – schüren sie

optisch das Feuer in der Rabatte. Die temperamentvolle Farbgebung allein verschafft ihnen schon viel Aufmerksamkeit. Höhen zwischen 60 und 160 cm und voluminöse Horste verleihen ihnen darüber hinaus mächtige Präsenz im Beet. Sie gehören zu den Stars im hoch- und spätsommerlichen Garten.

Wo immer es darum geht, große Farbflächen oder Farbeffekte im Garten entstehen zu lassen, die dennoch nicht plump wirken sollen, ist die Sonnenbraut die erste Wahl. Sie übernimmt spielend die Leitstaudenfunktion, kann aber auch besonders expressive Einzelgestalten mit einem Farbteppich unterlegen (→ Foto links). Die Wirkung hängt natürlich immer auch ein wenig von der Sortenwahl und der Anordnung im Garten ab.

Man unterscheidet die vielen Züchtungen nach früh, mittel und spät blühenden Sorten. Früh blühende öffnen ihre Köpfchen mit dem hübschen Knopf in der Mitte, der häufig anders gefärbt ist, bereits Ende Juni oder Anfang Juli, mittel blühende um die Monatswende Juli/August. Späte florieren erst ab August, viele dafür bis in den September hinein. Die klangvollen Namen vieler Sorten geben oft bereits einen Hinweis auf die Blütenfarbe, etwa 'Goldrausch' und 'Sonnenwunder' (beide gelb), 'Kupfersprudel' (kupferrot) und 'Rubinzwerg' (weinrot) oder 'Feuersiegel'. Letzte zeigt rotbraune Blüten mit gelb geflammten Spitzen und gelber Mitte.

Aus den Weiten der Prärie

Die Eltern der heutigen Zuchtformen stammen aus Nordamerika, wo sie sonnige, aber feuchte Wiesen besiedelten. Ihre nicht geringen Ansprüche sollte auch der Beetstandort erfüllen. Viel Sonne und Wärme, gute Wasserversorgung und ein tiefgründiger, nährstoffreicher Boden, der lehmig, besser aber lehmig-humos sein sollte. Auf keinen

Fall darf er leicht austrocknen, das schätzen Sonnenbräute gar nicht. Werden ihre Vorlieben jedoch erfüllt, lohnen sie es mit üppiger Blüte, Pflegeleichtigkeit, Gesundheit und enormer Langlebigkeit. Auch Garten-Anfänger werden ihre Freude daran haben. Übrigens: Die Sonnenbraut macht nicht nur in der Rabatte eine gute Figur. Sie eignet sich auch hervorragend für den Schnitt und erweist sich sogar als sehr lange haltbarer Vasenschmuck. Zusammen mit anderen Hochsommerblühern, wie Sonnenblumen, Phlox oder Berg-Astern, ergibt sie herrliche Sommersträuße für die Wohnung oder als Mitbringsel für die Gastgeber der nächsten sommerlichen Grillparty.

Mut zur Farbe: von frech-fröhlich bis wuchtig-vehement

Bietet der Phlox den Romantikern ein Eldorado an zarten Farben, so hat die Sonnenbraut für die lebenslustigen Seiten des Daseins immer die passende Untermalung parat. Zurückhaltung ist Fehlanzeige – wo immer klotzen statt kleckern angesagt ist, bieten *Helenium*-Sorten die perfekte Pflanzenpalette.

Spritzig, peppig, topmodern

Langeweile kommt beim Anblick der Kombination auf dem Foto rechts sicher nicht auf. Allein die Farbmischung ist ein echter sommerlicher Muntermacher. Fruchtiges Orange, knalliges Pink, dazu die braunen Knöpfe der Sonnenbräute, die mit freundlich gelben Staubgefäßen garniert sind. Über allem schweben die lang gestielten weinroten Walzen des Wiesenknopfs. Sie sind die i-Tüpfelchen im Reigen der bunten Cocktail-Farben – ein Beet wie eine Sommerparty. Dazu ziehen ihre blattlosen Stängel kreuz und quer ein grafisches Muster in der »zweiten Etage« über die Pflanzung. Flankieren Sie mit dieser Mischung die Terrasse, und hei-

tere Stimmung an lauen Sommerabenden ist garantiert. Oder setzen Sie einen Tuff dieser Kombination in den Vorgarten oder an die Eingangstür als aufmunternden Willkommensgruß für die Familie oder Gäste. Ein trüber Sommer hat hier wirklich keine Chance, aufs Gemüt zu schlagen.

Kräftige Töne für dramatische Gartenszenen und -bilder

Wer einen Hang zum Ausgefallenen und Extravaganten hat, kann die kräftigen Sonnenbraut-Farben ebenfalls als wirkungsvolles Stilmittel einsetzen. Große Solitärstauden sind Charakterdarsteller und werden einzeln gezielt im Garten platziert. Sie gestalterisch in die Umgebung einzubinden, erfordert oft etwas Geschick. Im Beispiel unten haucht die goldbraune *Helenium*-Sorte 'Waltraud' der Rabatte Feuer ein. Sie bleibt im rötlich-braunen Farbspektrum, das Engelwurz *(Angelica gigas)* und Gräser vorgeben, verleiht aber der schon etwas morbide wirkenden Spätsommerszene noch neues Leben. Das dunkle Braunrot der mächtigen Engelwurz-Blüte kommt vor diesem Untergrund erst zu seiner vollen Wirkung.

Die gleiche Funktion übernimmt 'Waltraud' im Beispiel auf Seite 84. Dort setzt sie einen mächtigen Rizinus *(Ricinus communis)* in Szene. Die riesigen Blätter des Exoten sind rötlich überhaucht, die dekorativen Samenstände leuchten blutrot. Vor dem hellgelben Hintergrund aus Sonnenblumen (*Helianthus multiflorus* 'Meteor') und dem feurigen »Teppich« der Sonnenbraut entfaltet der dunkle Gigant besondere Dramatik.

Unten: *Extravagant in Form und Farbgebung mutet diese Spätsommerszene an. Die riesige, bis 2 m hohe Engelwurz überragt das Meer aus Gräsern und der Sonnenbraut 'Waltraut'. Diese Sorte wird nur 80 cm hoch.*

Sonnenuntergang im Blütenmeer oder komplementäre Kontraste

Aufgrund ihres Farbspektrums lassen sich Sonnenbräute aber auch wunderbar untereinander kombinieren. Verschiedene Sorten zusammengepflanzt, ergeben mit ihren warmen Farben herrliche Ton-in-Ton-Abstufungen. Von strahlendem Gelb über flammendes Orange bis zu glühendem Rot zaubern sie Sonnenuntergangsstimmung in die Rabatte. Da die vieltriebigen Horste mit ihren Blütenscheiben am oberen Ende eine nahezu geschlossene Farboberfläche bilden, wirken Sorten unterschiedlicher Höhe wie Wellenkronen und -täler, die von der versinkenden Sonne warm koloriert werden. Vor einer solchen Rabatte in sommerlich satten Farben kann man an warmen Abenden herrlich in Erinnerungen an den letzten Mittelmeerurlaub schwelgen.

Solche Sonnenbraut-Gesellschaften können prima mit anderen Gelbblühern wie Sonnenauge, Sonnenblumen,

Sonnenhut (→ Foto rechts) ergänzt werden sowie mit einjährigen Dauerblühern in Gelb und Orange wie Tagetes oder Ringelblume. Auch Gräser bleiben mit ihren spätsommerlichen Gelb-, Ocker- und Brauntönen im selben Farbspektrum. Sie unterstreichen mit ihrem Erscheinungsbild außerdem die Herkunft der Sonnenbraut und bringen einen Hauch amerikanische Prärie ins Stimmungsbild (→ Seite 88/89, Pflanzvorschlag).

Wer lieber auf Kontraste setzt, findet natürlich unter allen Blaublühern erfrischende *Helenium*-Begleiter. Die Komplementärfarbe bringt Gelb und Orange erst so richtig zum Leuchten und Strahlen. Sie erzeugt Bilder voller Lebensfreude und Intensität. Rittersporn kontrastiert nicht nur farblich, sondern auch mit seinen schlanken Blütenkerzen zwischen den runden Sonnenscheiben der *Helenium*-Hybriden, ebenso der Sommersalbei. Astern in Blau und Violett weisen da mehr Ähnlichkeit auf, während Schleier-Eisenkraut sein filigranes Blütennetz dazwischenwebt. Die einjährige Vanilleblume *(Heliotrop)* empfiehlt sich beispielsweise für den Beetrand als niedriger, kompakter Kontrastgeber.

Die wichtigsten Pflegehandgriffe

Pflanzen Sie *Helenium*-Sorten am besten im Frühjahr. Das ist auch die ideale Zeit für die Teilung und Verjüngung älterer Horste. Graben Sie sie dazu aus und teilen sie mit einem Spaten in zwei oder mehrere Stücke – je nach Größe –, die an verschiedenen Stellen neu gepflanzt werden.

Rechts: *Ein Trio strahlt Ton in Ton um die Wette: Sonnenhut und die Sonnenbraut-Sorten 'Feuersegel' und 'Kugelsonne'.*

Unten: *Die zauberhafte Sorte 'Rubinkuppel' wird rund 100 cm hoch und blüht ab Anfang August.*

In jedem Frühjahr gibt man eine Startdüngung aus Kompost. Verteilen Sie die reife Erde einfach auf die Beetoberfläche und arbeiten Sie sie mit einem Rechen leicht ein. Wenn die Triebe etwa kniehoch ausgetrieben haben, kann man sie noch einmal ein Stück einkürzen. Diese Maßnahme fördert die Verzweigung der Stängel und macht die Horste dadurch insgesamt buschiger und auch standfester. Vor allem hoch wachsende Sorten neigen nämlich mitunter dazu, dass einzelne Stängel umkippen. Sie müssen daher oft gestäbt oder mit Staudenstützen versehen werden.

Die wichtigste sommerliche Aufgabe ist das ausreichende Wässern bei Trockenheit. Bei früh blühenden Sorten lohnt es sich außerdem, abgeblühte Blütenstängel regelmäßig zu entfernen. So lässt sich die Blütezeit dieser Varietäten verlängern. Spät blühende Sorten schneidet man dagegen erst nach der Blüte im Herbst komplett zurück.

Die besten Begleiter

Solitärstauden: Engelwurz, Rizinus
Ton in Ton: Gold-Kosmee, Mädchenauge, Ringelblumen, Sonnenauge, Sonnenblume, Sonnenhut, Tagetes, Wiesenknopf
Blaublüher: Astern, Rittersporn, Schleier-Eisenkraut, Sommersalbei, Vanilleblume
Gräser: Chinaschilf, Fuchsrote Segge, Neuseeländische Haar-Segge, Rasen-Schmiele, Riesen-Pfeifengras, Rutenhirse

Sommer pur in den Farben der Prärie

In Amerika spricht man vom »Indian Summer«, wenn sich die Laubwälder am Saisonende langsam verfärben und in ihr goldgelbes bis orangerotes Blätterkleid hüllen. Sie tauchen die Landschaft in wundervolle satte, samtige Farben. In diesem Farbspektrum blühen auch die Sonnenbraut-Sorten. Mit diesem Pflanzvorschlag bringt man ein wenig »Indian Summer« in heimische Blumenrabatten.

Gräser – mehr als Lückenfüller

Die Begleitung der verschiedenen Gräser haucht der Pflanzung außerdem ein wenig Prärie-Flair ein. Ihre cremeweißen, strohgelben und bräunlichen Töne erinnern an die weiten Graslandschaften Nordamerikas, wie sie in keinem Western fehlen dürfen. Könnte es eine würdigere Begleitung geben für die aus Nordamerika stammenden Stauden?

Im Hintergrund lässt ein stattliches Chinaschilf gerade seine silbrig-weißen Blüten erstrahlen und überragt damit noch die hohe gelbe Sonnenbraut 'Two Faced Fan'. Deren wuchtige Erscheinung wird von dem vor ihr blühenden Moor-Pfeifengras geschickt aufgelockert.
Rechts im Hintergrund entfaltet die Rutenhirse (*Panicum virgatum* 'Cloud Nine') mit ihren filigranen Blütenständen einen fedrigen, wolkigen Tuff. Auf dieser Rabattenseite ergänzen die dunkelrot blühenden Sonnenbraut-Sorten 'Rubinzwerg' sowie die orangerote 'Vivace' die gelbe 'Two Faced Fan'. Den Beetabschluss bildet die bronzebraune Neuseeländische Haar-Segge 'Bronze Form' mit ihren bogig übergeneigten »Haarschöpfen«. Ihre Halme schmücken sich während der ganzen Saison mit diesem außergewöhnlich erdhaften Farbton, der die Präriestimmung stilecht perfektioniert. Der blaue Otternkopf links vorne und die rosa-violetten Fetthennen bringen mit ihrem Farbkontrast das ganze Ensemble noch mehr zum Leuchten. Der Kiesweg, der sich durch die Pflanzung schlängelt, suggeriert steppenhafte Trockenheit. Doch in Wahrheit brauchen die meisten Pflanzen dieser Rabatte einen eher frischen bis feuchten und sehr nahrhaften Boden in voller Sonne.

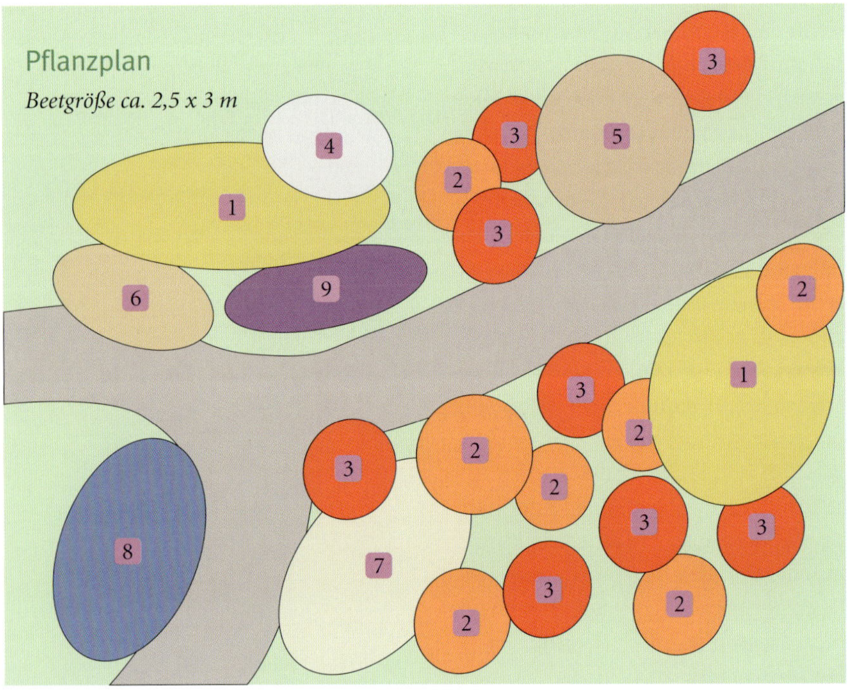

So geht man vor

Sowohl Gräser als auch Sonnenbräute pflanzt man im Frühjahr. Viele Gräser sind nämlich extrem empfindlich gegenüber Winternässe. Die Neuseeländische Haar-Segge ist in rauen Lagen zudem etwas frostgefährdet und freut sich dort über einen trockenen Winterschutz. Sie ist bei uns nicht überall zu bekommen. Eine gute farbliche Alternative ist dann die Fuchsrote Segge *(Carex buchananii)* mit ihren rostrot gefärbten Halmen. Allerdings ist sie ebenfalls nur bedingt winterfest. In klimatisch ungünstigeren Regionen sollte man besser auf niedrige Sorten der Rutenhirse *(Panicum)* ausweichen, etwa 'Hänse Herms'. Ihre Halme sind zwar zunächst grün, färben sich aber ab Spätsommer – also pünktlich zur Sonnenbraut-Blüte – rötlich um. Die anderen Gräser der Pflanzung sind gut frosthart. Bei allen sollte man jedoch die Halme erst im Frühjahr abschneiden. So kann man die herrlichen Winterszenen, die diese Pflanzung bieten wird, genießen. Eventuell auflaufende Sämlinge sollte man jedoch möglichst rasch entfernen. Meist zeigen sie nicht die dekorativen Eigenschaften der Eltern, überwuchern diese aber schnell. 'Rubinzwerg' gehört zu den populären Sonnenbraut-Sorten. Die beiden anderen sind nicht so häufig im Handel erhältlich. Gute Alternativen zu ihnen sind die rote 'Baudirektor Linne' sowie die gelbe 'Blütentisch', die jedoch nur 130 cm hoch wird. 'Kugelsonne' erreicht stattliche 170 cm, zeigt aber – anders als 'Two Faced Fan' – eine gelbe Blütenmitte.

Pflanzliste

1 6–8 Sonnenbraut (*Helenium*-Hybride 'Two Faced Fan')
2 8–10 Sonnenbraut (*Helenium*-Hybride 'Vivace')
3 8–10 Sonnenbraut (*Helenium*-Hybride 'Rubinzwerg')
4 1 Chinaschilf (*Miscanthus sinensis*)
5 1–3 Rutenhirse (*Panicum virgatum* 'Cloud Nine')
6 1–2 Moor-Pfeifengras (*Molinia caerulea*)
7 2–3 Neuseeländische Haar-Segge (*Carex comans* 'Bronze Form')
8 3–5 Otternkopf (*Strobilanthes atropurpurea*)
9 3–5 Purpur-Fetthenne (*Sedum telephium*)

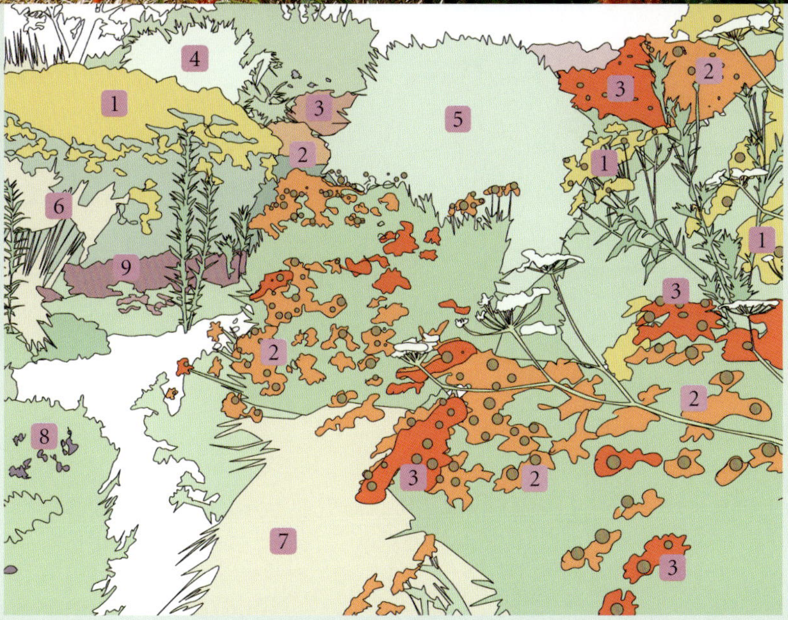

Sonnenblume und Sonnenauge

Ihr Name ist Programm. Wie Sonnen öffnen sich die gelben Blüten, mit »Strahlen« um die oft dunklere Mitte.

Rechts: *Das leuchtende, heitere, gelbgoldene Blütenmeer vertreibt spielend trübe Gedanken. Eine sonnige Lage und nahrhafter Boden sind Voraussetzung für diese prächtige Rabatte.*

Unten: *'Asahi' ist eine jüngere Sonnenaugen-Sorte. Sie wird rund 80 cm hoch. Ihre gefüllten Blüten haben eine fast runde Pomponform. Heliopsis werden ohne Weiteres an ein und demselben Standort Jahrzehnte alt.*

Sie ähneln ihrer Namenspatin wirklich frappierend, und so wie die Sonne mit ihrer Energie unseren Planeten beheizt, erwärmen die sonnigen Blüten unser Gemüt. Frisch, fröhlich, heiter strahlen sie im Garten und verbreiten gute Laune.
Sonnenauge (*Heliopsis helianthoides* var. *scabra*) und Sonnenblume (*Helianthus decapetalus* und *H. atrorubens*) sind unterschiedliche Staudenarten. Aber aufgrund ihrer Ähnlichkeit werden sie hier zusammengefasst. Oft stehen sie

auch gemeinsam als Beetnachbarn in Rabatten. Denn beide stammen, wie auch die Sonnenbraut, aus Nordamerika und lieben nährstoffreiche, frische, lehmig-humose Böden in sonniger Lage. Beide entwickeln stattliche Größen – je nach Sorte mit 1–2 m Höhe – und einen aufrechten, buschigen Wuchs.

Die Blüten der Sonnenaugen variieren die Farbe Gelb sortenabhängig von warmem Orangegelb bis zu kühlem Grüngelb. Sie gehen einfach, halbgefüllt oder gefüllt auf und erfüllen ihre Muntermacherrolle von Juli bis September.
Stauden-Sonnenblumen dagegen strahlen immer goldgelb. Ihre Köpfe bleiben dabei deutlich kleiner als bei ihren einjährigen Verwandeten *(Helianthus annuus)*, die mit ihren mächtigen Blütenköpfen mitunter aber etwas plump wirken. Die kleinen Scheiben blühen auch nicht ganz so ausdauernd. Im August und September lassen sie ihr Licht dafür umso freundlicher scheinen.

Zähl die heitren Stunden nur

»Mach es wie die Sonnenuhr, zähl die heitren Stunden nur«, lautet ein alter Reim. Mit Sonnenauge und Sonnenhut trifft man dafür die richtige Pflanzenauswahl für den Garten. Kombiniert man sie dann noch mit weiteren Gelbblühern (→ Seite 91, Foto), können auch Schlechtwettertage die Stimmung nicht eintrüben. In diesem Beispiel breiten die Sonnenblume 'Capenoch Star' sowie die Färberkamille (*Anthemis tinctoria* 'E. C. Buxton') ihre hellgelben Strahlenkränze aus. Das Sonnenauge 'Sommersonne' setzt mit seinen goldgelben, gefüllten Köpfen eine feine Farbabstufung dazu. Dazwischen spannen gelbe Schafgarben ihre Blütenschirme auf, und Fackelllilien lassen ihre aufrechten Kolben aufragen. Beide erzeugen mit ihren kontrastierenden Formen Spannung im gelben Blütenmeer, ebenso wie die im Hintergrund aufra-

gende Königskerze *(Verbascum bombyciferum)*. Die blauen Blütenbälle der Kugeldisteln *(Echinops)* bringen mit ihrem komplementären Farbreiz im Zentrum der Pflanzung das Ganze noch mehr zum Strahlen.

Herrlich sommerleichte Gemeinschaften gehen Sonnenauge und Sonnenblume auch mit Sonnenbraut und Sonnenhut ein. Schon die Namensgebung verrät ein ähnliches Erscheinungsbild und Blütenfarben im gleichen Spektrum. Aber auch Mädchenauge *(Coreopsis)* und Kokardenblume *(Gaillardia)* bereichern Ton-in-Ton-Pflanzungen. Erstgenannte lockert sie mit ihrem filigranen Laub angenehm auf. Auch einjährige Gelb- und Orangeblüher wie Gold-Kosmee *(Cosmos sulphureus)*, Tagetes oder Ringelblume *(Calendula)* kommen als Begleiter infrage, da sie ähnliche Ansprüche an den Standort haben.

Spätsommer »american style«

Für alle, die gern den Hochsommer im Garten zelebrieren, sind Sonnenauge und Sonnenhut natürlich schon wegen ihrer Blütezeit erste Wahl. Von Juli bis September begleiten sie uns durch die heißeste Jahreszeit. Da in dieser Periode auch Gräser zu Hochform auflaufen, sind sie eine stilvolle Ergänzung (→ Seite 92, Foto unten). Mit ihren jetzt langsam verbräunenden Blüten- und Samenständen oder – bei einigen Arten – verfärbenden Halmen inszenieren sie Rabatten völlig neu. Im genannten Beispiel bringt Atlas-Schwingel *(Festuca mairei)* pergamentfarbige Töne ein, die die Sommerhitze einzufangen und das warme Licht zu konservieren scheinen. Sie geben der Szene außerdem einen etwas steppen- oder präriehaften Charakter, was den sonnigen Amerikanerinnen ein stilechtes Ambiente verschafft. Das Sonnenauge 'Hohlspiegel' mit halbgefüllten Blüten, das immerhin rund 150 cm Höhe erreicht, wird hier noch von der Sonnenblume 'Capenoch Star' (ca. 180 cm) überragt. Beide trennen – oder verbinden – Indianernesseln *(Monarda)*, die dem amerikanischen Thema treu bleiben. Sie haben schließlich die gleiche Herkunft. Violette Sorten, wie 'Mohawk' oder 'Prärienacht', sind wegen ihrer Komplementärfarbe besonders empfehlenswerte Begleiter. Indianernesseln gibt es aber auch in Scharlachrot ('Präriebrand'), Rosa ('Marshall's Delight') und Weiß ('Schneewittchen').

Ansonsten kommen als violett- und blaublütige Partner Rittersporn mit seiner zweiten Blüte, Astern, Sommersalbei, Katzenminze oder Schleier-Eisenkraut infrage.

Links: *Eine üppige Quelle für viele bunte Blumensträuße ist diese traditionelle Bauerngartenrabatte.*

Unten: *Amerikanische Blütenstars unter sich, untermalt von den flirrenden Grashalmen des Atlas-Schwingels. Sonnenblumen (hinten) und Sonnenaugen (vorne) leuchten golden im warmen Licht der Spätsommersomme.*

Bunte Schnittblumen-Rabatten im Bauerngartenstil

Die Sonnengesichter der Staudenrabatte haben aber noch einen Vorzug, der sich im Garten zunächst gar nicht zeigt. Sowohl Sonnenblume als auch Sonnenauge sind ausgesprochen haltbare Vasenblumen. Zu diesem Zweck sind ungefüllte Sonnenaugen gefüllt blühenden vorzuziehen, denn sie erweisen sich als noch langlebiger.
Kein Wunder also, dass beide Arten in ländlichen Gärten und im klassischen Bauerngarten häufig gesehene Vertreter sind. Eine Blumenrabatte dient dort immer auch dem Zweck, Schnittblumen fürs Haus zu gewinnen (→ Foto links). So gehen sie dort oft kunterbunte Gesellschaften ein mit anderen üppig oder groß blühenden Stauden, Einjährigen und Zwiebelblumen. In dieser Pflanzung bildet die Sonnenblume den strahlenden Mittelpunkt, umrahmt von orangeroter Sonnenbraut, purpurviolettem Phlox und roten und hellrosa Dahlien. Es sind lauter Sommerblüher, die allen Regeln der Farbgestaltung trotzen und – wie frisch dem Malkasten entsprungen – ein munteres, lebhaftes Bild in den Garten malen. Solche Beete säumen im Bauerngarten den Zaun oder schlängeln sich zwischen Gemüsebeeten entlang, die sie auf diese Weise plakativ voneinander trennen. Ihr hoher Wuchs gibt den Beeten dazwischen gleichzeitig Windschutz und lässt die Kulturen noch besser wachsen.
Wer den Blütenschmuck für die Vase jahreszeitlich lieber etwas besser verteilen möchte, kann diese Rabatte stilecht mit Bauerngarten-Schönheiten wie Rittersporn oder Pfingstrosen ergänzen. Sie kolorieren bereits den Frühsommer und füllen Vasen und Gefäße ebenso imposant. Auch ein paar dazwischengestreute Lilien würden dem ländlichen Charme nicht schaden und die mutige Farbgebung untermauern.
Übrigens: Wer Blüten für die Vase schneiden möchte, sollte dies – vor allem im Hochsommer – am besten vormittags erledigen. Dann sind die Pflanzen noch »taufrisch« von der kühlen Nacht und haben noch nicht so viel Wasser verdunstet wie nach der Mittagshitze. Duftende Arten retten dann auch noch ihr Parfüm mit ins Zimmer, das an heißen Tagen draußen rasch ver-

Unten: *Hohe Sorten wie hier die Sonnenblume 'Carpenoch Star' dienen auch als Sichtschutz. Gräser wie das Chinaschilf sind eine perfekte blickdichte Ergänzung.*

fliegt. Schneiden Sie die Stängel im Haus noch einmal frisch an. Führen Sie die Messerklinge dabei möglichst schräg und stellen Sie die Blumen dann sofort ins Wasser.

Sonnen-Schönheiten für den Sichtschutz

Nicht zuletzt beweisen Sonnenblumen und Sonnenaugen dank ihrer teilweise beeindruckenden Größe besondere Gestaltungsqualitäten. Im Staudenreich verkörpern sie ein wahrhaft erstaunliches Format. Sorten wie die 150 cm hohe *Heliopsis* 'Venus' oder die Sonnenblumen 'Lemon Green' und 'Carpenoch Star', die stolze 170–180 cm Höhe erreichen, eröffnen Einsatzmöglichkeiten, die nicht alle Stauden zu bieten haben. In Rabatten beziehen sie wirkungsvoll im Hintergrund Stellung und überragen mühelos ein Fußvolk aus den unterschiedlichsten Staudenbegleiterinnen in verschiedener Größe.
Mannshoch wie sie sind, erfüllen sie an den Zaun gepflanzt sogar die Funktion eines Sichtschutzes oder können innerhalb des Gartens als blühender Raumteiler auftreten. Im Beispiel auf dieser Seite haben sich 'Carpenoch Star', das Chinaschilf (*Miscanthus sinensis* 'Sarabande') und Schleier-Eisenkraut *(Verbena bonariensis)* gegen fremden Einblick verbündet. Die aufrechten Horste der ersten beiden sind blickdicht und gefällig zugleich – die Sonnenblume wegen der freundlichen Blütenfarbe, das Chinaschilf 'Sarabande' wegen seiner besonders schmalen, grazilen Blätter und zart rötlichen Blütenstände. Das Büschel des Schleier-Eisenkrauts lässt die lebendige Wand etwas transparenter wirken, weil durch seine blattarmen Stängel der Hintergrund etwas durchschimmern kann. Mit rund 120–150 cm ist es die kleinste Staude in dieser Gemeinschaft.

Die wichtigsten Pflegehandgriffe

Stimmen die Standortverhältnisse, sind die Sonnenstauden sehr pflegeleicht. In trockenen Sommerperioden, sollte man ausgiebig gießen. Vor allem die Sonnenblumen regieren auf Trockenheit empfindlich und werden dann außerdem anfällig für Mehltau.
Verblühte Blütenstände schneidet man laufend aus. So kann beim Sonnenauge die Blütezeit bis Anfang Oktober hinausgezögert werden. Gefüllte Sorten sowie windige Lagen erfordern oft das Aufbinden der Horste. Nach dem Abblühen im Herbst schneidet man beide Arten knapp über den Boden zurück. Zum Austrieb im Frühjahr verabreicht man eine Startdüngung.

Die besten Begleiter

Ton in Ton: Fackellilie, Gold-Kosmee, Kokardenblume, Königskerze, Mädchenauge, Ringelblume, Schafgarben, Sommermargeriten, Sonnenbraut, Sonnenhut, Tagetes
Violette und blaue Partner: Astern, Indianernesseln, Katzenminze, Kugeldisteln, Rittersporn, Schleier-Eisenkraut, Sommersalbei
Im Bauerngarten: Dahlien, Lilien, Pfingstrosen, Phlox
Gräser: Atlas-Schwingel, Chinaschilf

Vielgestaltige Dahlien

Die Knollenpflanzen demonstrieren unglaubliche Wandlungsfähigkeit. Aus wenigen Wildformen entstanden Riesen und Zwerge mit diversen Blütenformen.

Rechts: *Eine rosa-lila Liaison geht die Schmuck-Dahlie 'Christine' hier mit einjährigen Löwenmäulchen und Zinnien ein. Die weiße Duftnessel 'Top White' hellt das Ganze im Vordergrund auf.*

Unten: *Die Dekorative Dahlie 'Thomas A. Edison' wird 100–120 cm hoch, ihre Blüten erreichen 18 cm im Durchmesser. Hier wird sie vom Blut-Weiderich umschmeichelt.*

Man mag es kaum glauben, aber es sind alles Dahlien – obwohl gärtnerisch wenig Versierte sicher nicht auf die Idee kommen, dass die Topmix-Dahlie im Balkonkasten mit ihren 3 cm winzigen, einfachen Blüten der gleichen Gattung angehört wie der handballgroße »Stachelkopf«, der mannshoch die Rabatte überragt. Doch die schönen Mexikanerinnen geben ein Paradebeispiel dafür ab, was Züchterehrgeiz alles bewirken kann. 1789 erreichten die ersten Knollen oder Samen Europa. Im

Botanischen Garten von Madrid nahm man sich des Imports an, der in der Sprache der Azteken »acocotli« hieß, und benannte die Pflanzen nach dem schwedischen Botaniker Andreas Dahl. Von dort verbreiteten sie sich im Eiltempo über ganz Europa und starteten ihren Siegeszug durch unsere Gärten. Bald traten sie in unterschiedlichen Größen und Blütenformen auf.

Verwirrende Namensgebung

Unter der botanischen Bezeichnung *Dahlia*-Hybriden fassen wir heute das in die Tausende gehende Angebot an Sorten zusammen. Lange Zeit sprach man auch von *Dahlia variabilis*, was bereits auf die ungeheure Vielgestaltigkeit verweist. Im 19. Jahrhundert war jedoch die Bezeichnung »Georgine« wesentlich populärer. Der deutsche Botaniker und Professor Karl Ludwig Willdenow führte die Pflanzen nämlich als *Georgina variabilis* ein und ehrte damit seinen russischen Kollegen Johann Gottlieb Georgi. Ob diese Namensgebung aus Unkenntnis der früheren Bezeichnung erfolgte oder aufgrund von Missverständnissen, ist unklar. Fest steht jedoch, sie hielt sich fast ein ganzes Jahrhundert. Noch heute taucht der Begriff manchmal auf, aber wohl eher aus nostalgischen Gründen. Dann verbindet man damit die runden, gefüllten Sorten alter Zeiten.

Gärtnerische Klassifizierung nach der Blütenform

Da sich die Knollenpflanze recht einfach vermehren lässt, nahm die Züchtung rasant Fahrt auf. Schon bald überforderte die Fülle der Sorten selbst Fachleute in Fragen der Zuordnung. Neue Varietäten wurden immer schneller durch ähnliche, noch aktuellere vom Markt verdrängt. So setzte sich schließlich eine Klassifizierung des Sortiments international durch, die sich allein an

der Blütenform orientiert und nur die gärtnerische Vewendung im Blick hat, während botanische Merkmale oder Eigenschaften wie Wuchsform und Größe unberücksichtigt bleiben. Auch die Deutsche Dahlien-Gesellschaft schloss sich dieser Einteilung an:

> Einfach blühende Dahlien: Ihre Scheibenblüten bestehen aus einem einfachen Kranz von Blütenblättern um eine gelbe Mitte. Hierzu gehören auch die beliebten Mignon- und die zwergigen Topmix-Dahlien.
> Anemonenblütige Dahlien: Sie besitzen in der Blütenmitte lange Röhrenblüten, die von einem oder mehreren Kränzen einfacher Blütenblätter umgeben sind.
> Halskrausen-Dahlien: Sie sehen ähnlich wie einfach blühende Sorten aus, schmücken sich aber zusätzlich mit einem Kranz kleinerer, meist andersfarbiger Blütenblätter um die Mitte.
> Seerosen-Dahlien: Sie ähneln ihrer Namensgeberin. Die Mitte ist nicht mehr zu erkennen, die Blüten sind gefüllt. Die Blütenblätter öffnen sich flach.
> Dekorative Dahlien: Diese auch Schmuck-Dahlien genannten Varianten stellen das Gros des Sortiments dar. Ihre Blüten sind groß, halbrund und rosettenartig dicht gefüllt durch flache Blütenblätter, die in mehreren Lagen übereinander angeordnet sind.
> Pompon-Dahlien: Sie haben die typische »Georginen-Form«, sind kugelrund und bestehen aus lauter aufgerollten Blütenblättern, die dicht an dicht sitzen. Die Köpfe sind etwa golfballgroß.
> Ball-Dahlien: Sie sind den Pompon-Dahlien sehr ähnlich. Die Blütenblätter sind nur leicht eingerollt, die Form mehr apfel- als kugelförmig. Insgesamt sind die Blüten größer – mindestens tennisballgroß.
> Kaktus-Dahlien: Ihre »stachelige« Blütenform kommt durch lange, nach außen aufgerollte, spitze Blütenblätter zustande. Diese fast runden Blüten können einen enormen Durchmesser erreichen.
> Semikaktus-Dahlien: Ihre Blütenblätter laufen ebenfalls spitz zu, sind vom Ansatz bis etwa zur Mitte hin jedoch offen und flach wie bei den Schmuck-Dahlien. Auch hier gibt es erstaunliche Blütengrößen.
> Diverse Dahlien: In dieser Gruppe fasst man alle Formen zusammen, die in keine andere Klasse passen, z. B. Päonien- sowie Orchideenblütige, Duplex- und Hirschgeweih-Dahlien.

Unten: *Zwischen Sonnenbraut und Phlox setzt ein kleiner Tuff großblütiger Dahlien einen kräftigen Akzent in die Staudenrabatte, der jedoch im Farbspektrum bleibt. Im Hintergrund steuern leuchtend rote Montbretien mit ihren überhängenden Blütenähren kontrastierende Formen bei.*

Lange Blüte in allen Farben

Unabhängig von ihrer Klassenzugehörigkeit vereint alle Dahlien die gleiche, sehr lange Blütezeit. Ab Juli öffnen sich die ersten Köpfe. Bei guter Pflege darf man dann bis in den Oktober hinein die Pracht genießen – sofern die Witterung

Links: *Apartes Duett: Seerosen-Dahlie 'Geerlings Cupido' und Mähnengerste*

Unten: *Die einfach blühende Dahlie 'Scura' ist ein hübscher Kontrast zu Buntschopf-Salbei.*

mitspielt, sogar bis Anfang November, bis der Frost der Schönheit ein Ende setzt. Dabei findet unter den Dahlien-Sorten jeder seine Lieblingsfarbe. Im Angebot ist alles außer reinem Blau. Es bleiben also kaum Gestaltungswünsche offen, zumal auch Blütenformen und Wuchsgrößen alle Optionen erfüllen. Vom 20 cm niedrigen Zwerg bis zum Giganten mit 180 cm Höhe gibt es nahezu alle Zwischengrößen. Die Pflanzen wachsen buschig und verzweigt, hohe Sorten bilden aufrechte Horste. Im unteren Stängelteil sind die Blätter tief eingeschnitten, oben einfach eiförmig und gesägt. Einige Sorten, z. B. die beliebte 'Bishop of Llandaff', besitzen sogar purpurrotes Laub, was aparte Farbkombinationen ermöglicht.
Für eine gute Entwicklung brauchen Dahlien einen sonnigen Standort. Obwohl sie aus Mexiko und Guatemala stammen, vertragen sie nicht zu viel Hitze. Denn in ihrer Heimat besiedelten die Wildarten höher gelegene, kühle Bergregionen. Der Boden sollte nährstoffreich und gut wasserversorgt, jedoch unbedingt durchlässig sein. Auf zu feuchtem Untergrund, auf Lehm- oder Tonböden neigen die Knollen zu Fäulnis, höhere Sorten kippen dann leicht um.

Kombinieren mit Gefühl – Farben fein abstimmen

Da Dahlien bei uns nicht winterhart sind, gräbt man ihre Knollen im Herbst aus und setzt sie im Frühjahr neu ein. Um diese besondere Maßnahme zu erleichtern, werden Dahlien oft in »Monokultur« gepflanzt, also nur untereinander kombiniert oder in Gesellschaft von Gladiolen, die genauso behandelt werden. Das kann man machen, aber man sollte diese herrlichen Langzeitblüher nicht auf diese einseitige Gestaltung beschränken. Vor allem die höheren Sorten überzeugen durchaus auch in der Rabatte in Kombination mit Stauden, Gräsern und Einjährigen.

Im ähnlichen Spektrum bleiben

Die wichtigste Regel bei der Gestaltung mit Dahlien in der Rabatte lautet: Je großblütiger die Sorte, desto kleinere Grüppchen sollte man setzen. Vermeiden Sie den großflächigen Einsatz gigantischer Blütenköpfe, das wirkt nur plump. Die zweite Maxime heißt: Beschränken Sie sich bei den Dahlien und bei der Wahl der Begleiter auf wenige Blütenfarben im selben Farbspektrum. Ton in Ton aufeinander abgestimmt,

Die besten Begleiter

Knollenpflanzen: Gladiolen, Montbretien
Stauden: Duftnesseln, Frauenmantel, Gelenkblume, Mädchenauge, Phlox, Sonnenbraut, Steppen-Wolfsmilch
Gräser: Mähnengerste, Rutenhirse
Gehölze: Rosen
Einjährige: Buntschopf-Salbei, Fuchsschwanz, Gold-Kosmee, Kapuzinerkresse, Löwenmäulchen, Schleier-Eisenkraut, Schmuckkörbchen, Tagetes, Ziertabak, Zinnien

ergeben sich herrlich elegante Bilder. Die Dahlien werden dann zum wirkungsvollen Farbträger, ohne unangenehm zu dominieren. Die auf diesen Seiten vorgestellten Pflanzungen zeigen die Vielfalt der Möglichkeiten. In der Rabatte auf Seite 96 gehen rote Montbretien und orangefarbene Sonnenbraut mit apricotfarbenen Dahlien und rosa Phlox eine schmeichelhafte Verbindung ein.

Einjährige Sommerblumen – eine prädestinierte Partnerschaft

Dahlien gehören streng genommen nicht zu den Stauden. Sie sind zwar mehrjährige Pflanzen, werden aber durch die mangelnde Winterhärte bei uns eher wie Einjährige verwendet. Die Vergesellschaftung mit einjährigen Blühern, die am Saisonende absterben und im nächsten Frühjahr neu gepflanzt werden, erleichtert zum einen die Pflege, zum anderen eröffnet sie viele dekorative Möglichkeiten. Denn die lange Blüte beider sorgt für einen Sommer voller Farbe.

Königlich: Dahlien und Rosen

Das auf den ersten Blick so ungleiche Paar kann sich bezaubernd ergänzen. Wählen sie für diesen Pas de deux öfterblühende Rosen, etwa Bodendeckerrosen mit Blütenhöhepunkt im Herbst, und nicht zu üppig gefüllte Dahlien. Vor allem einfach blühende Anemonen- oder Päonienblütige wie die charmante 'Bishop of Llandaff' (→ oben links, Foto) machen eine gute Figur, ohne der Königin der Blumen die Schau zu stehlen.

Natürlich: Dahlien und Gräser

Diese Kombination empfiehlt sich für besonders zauberhafte Herbstbilder. Die

Links: *Der Dahlien-Klassiker 'Bishop of Llandaff' demonstriert zusammen mit der Englischen Rose 'William Shakespeare 2000', welche Harmonie diese Pflanzenkombination ausstrahlen kann. Diese Dahlie untermalt die Blüten auch noch mit purpur-rötlichem Laub.*

Rechts: *In diesem Beispiel steuert eine Berberitze ihr rotes Laub bei und gibt dem temperamentvollen Mix aus dunkelroten Dahlien und feuerroten Montbretien zusätzlich Feuer.*

späte Dahlienblüte geht Hand in Hand mit der schönsten Phase der Gräser. Arten wie die Rutenhirse, die ihre Halme verfärben, untermalen Blütenfarben apart. Außerdem lockert die grazile Gestalt der Gräser die Wirkung selbst wuchtiger Zuchtformen mit natürlichem Esprit auf (→ Seite 97, Foto links).

Die wichtigsten Pflegehandgriffe

Dahlienknollen sind bei uns nicht winterhart. Wenn der erste Frost die oberirdischen Pflanzenteile absterben lässt, gibt man den Knollen noch eine gute Woche Zeit, letzte Reservestoffe für den Neuaustrieb im nächsten Jahr einzulagern. Dann gräbt man sie vorsichtig aus und schneidet die Stängel auf eine Handbreite zurück. Befreien Sie die Knollen von Erdresten und lassen Sie sie einige Zeit trocknen. Dann lagert man sie kühl, aber frostfrei und dunkel ein, zum Beispiel im Keller. Es kann aber auch ein anderer Raum sein, der diese Bedingungen bietet. Ideal sind Temperaturen zwischen 4 und 8 °C. In sehr trockenen Räumen legt man die Knollen in Sandkisten. Im Winter kontrollliert man die Knollen gelegentlich und entfernt faulende oder vertrocknete Exemplare. Ende April/Anfang Mai pflanzt man sie wieder ins Freie. Bessern Sie die Erde mit Kompost oder einem anderen organischen Dünger auf und legen Sie die Knollen 3–5 cm tief in die Erde. Bei Gefahr von Spätfrost schützt man den jungen Austrieb mit umgestülpten Blumentöpfen. In Trockenperioden muss man gießen. Verblühtes wird laufend entfernt, und hohe Sorten muss man eventuell stäben.

Links: *Nur ein Farbspektrum, aber viel Abwechslung in der Blütenform bieten päonienblütige Dahlien 'Classic Giselle' und runde Pompon-Dahlien 'Jan van Schaffelaar' in Rosa-Lila vor blauen Duftnesseln und purpurrosa Fuchsschwanz.*

Rechts: *Romantischer geht es nicht: Die elfenhaften einjährigen Begleiter Schleier-Eisenkraut und Schmuckkörbchen nehmen der Kaktus-Dahlie die Wucht.*

Dem Herbst heimleuchten

Mit dieser Pflanzung als Wegsaum kann der Herbst ruhig kommen. Hier halten fast alle Blüten bis zu den ersten Frösten durch. Mit ihren warmen Gelb-, Orange- und Rottönen heizen sie den langsam kühler werdenden Tagen noch einmal mächtig ein und strahlen hell wie der Sommer. Ab Juni startet in dieser Pflanzung die Blütensaison mit den limonengrünen Bechern des Ziertabaks und den filigranen Ähren der Mähnengerste. Ab Juli beginnt dann der Rest der Gesellschaft mit seinem Blütenfeuerwerk und hält bis zum Saisonende durch.

Perfekte Höhenstaffelung

Obwohl es sich neben den Dahlien um zahlreiche einjährige Pflanzen handelt, steht die Gesamtkomposition einer gelungenen Staudenrabatte nicht nach. Die beiden Pompon-Dahlien sind in Grüppchen in das Pflanzenmeer gesetzt, sodass die auffälligen Farben angenehm von Grün umrahmt werden. Besonders das kühle Limonengrün des Ziertabaks dämpft die Wucht der Bälle angenehm ab. Mit Höhen von gut 1 m bilden die Dahlien hier den Rabattenhintergrund. Davor breiten sich in perfekter Höhenstaffelung die Begleiter aus. Gräser, allen voran die etwa 60 cm hohe, grazile Mähnengerste mit ihren langen, leicht rosa getönten Grannen, verleihen dem Ensemble Leichtigkeit und Transparenz. Zum Wegrand hin säumen die Dauerblüher Kapuzinerkresse, Tagetes und Gold-Kosmee das Ganze mit goldgelber Bordüre ein. Die gelb-grün panaschierten Büschel des Zwerg-Kalmus fügen sich farblich und mit ihrer Gestalt gekonnt ins Bild ein.
Wer statt einjähriger Blüher lieber ganz auf Stauden setzen möchte, kann anstelle des Ziertabaks limonengrüne Steppen-Wolfsmilch setzen und den strahlend gelben Beetsaum mit Mädchenauge gestalten. Frauenmantel könnte die Stelle der Kapuzinerkresse einnehmen, er bildet ähnlich große, runde Blätter aus, blüht allerdings hellgelb. Rasen-Schmiele oder das jedoch gut 1 m hohe Diamantgras sind ein ausdauernder, aber gleichermaßen luftiger Ersatz für die einjährige Mähnengerste.

Pflanzplan

Beetgröße ca. 2,5 x 2,2 m

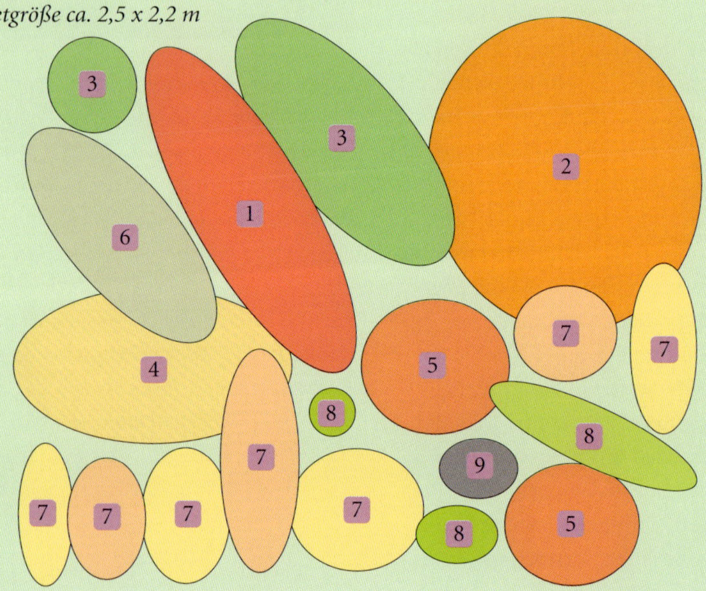

So geht man vor

Platzieren Sie diese Rabatte an eine Stelle, die guten Einblick erlaubt, damit sich das schön gestaffelte, ansteigende Blütenmeer dem Auge im Ganzen erschließt. Ideal ist ein Platz entlang eines Zauns oder einer Mauer. Auch für einen Vorgarten ist die Pflanzung wegen der sehr langen Blütezeit geeignet. Selbstverständlich brauchen die Dauerblüher einen nahrhaften Boden und einen sonnigen Standort.
Das Pflanzjahr startet im März, zumindest wenn man die Einjährigen selbst anzieht. Wer Tagetes, Gold-Kosmee und Kapuzinerkresse aussät, sollte mit der Voranzucht im März im Haus beginnen. Nach den Eisheiligen Mitte Mai pflanzt man sie dann ins Freie an ihren Platz im Beet. Zu dieser Zeit kann man sie aber auch als Jungpflanzen in der Gärtnerei kaufen. Die Mähnengerste kauft man am besten auch als fertiges Pflänzchen ein.
Düngen Sie zum Saisonstart die ganze Pflanzfläche mit Kompost oder einem organischen Langzeitdünger auf. Ende April/Anfang Mai legt man dann die Dahlien-Knollen 3–5 cm tief in die Erde. Die alten Stängelreste sollten gerade noch aus dem Boden spitzen. Den Sommer über sollte man immer auf ausreichende Wasserzufuhr achten und verblühte Blumen laufend ausschneiden. In windigen Lagen oder auf schweren Böden empfiehlt es sich, die Dahlien zu stäben. Holen Sie sich ruhig gelegentlich ein paar Blütenstängel für die Vase – Dahlien sind prima Schnittblumen – und stecken Sie ein paar Ähren der Mähnengerste dazu.

Pflanzliste

1. 3–4 Pompon-Dahlie (*Dahlia*-Hybride 'Tam Tam')
2. 5–7 Pompon-Dahlie (*Dahlia*-Hybride 'Bantling')
3. 3–4 Ziertabak (*Nicotiana langsdorfii* 'Lime Green')
4. 3–4 Mähnengerste (*Hordeum jubatum*)
5. 4–7 Kapuzinerkresse (*Tropaeolum majus* 'Nanum')
6. 6–8 Gold-Kosmee (*Cosmos sulphureus*)
7. 15–20 Tagetes (*Tagetes tenuifolia* 'Starfire Mix')
8. 5–7 Zwerg-Kalmus (*Acorus gramineus* 'Ogon')
9. 2–4 Sauerklee (*Oxalis triangularis*)

Stolzer Eisenhut

Hoch erhobenen Hauptes überragt er seine Begleiter und strahlt mit seiner königlichen Blütenfarbe und den sattgrün belaubten Horsten ungeheure Majestät aus.

Rechts: *Buchsgesäumte Beete und Bauerngarten-Flair stehen dem Eisenhut gut zu Gesicht. Mit seinen aufragenden Kerzen gibt er den Beeten eine dritte Dimension.*

Unten: *Hier lässt die Eisenhut-Sorte 'Spark' die typische Hutform der Einzelblüten erkennen.*

Seine Erscheinung ist einfach beeindruckend. Der Eisenhut *(Aconitum)* wird bis zu 150 cm hoch. Seine Stängel wachsen straff aufrecht und sind über und über mit dekorativen geschlitzten Blättern von sehr dunkelgrüner Farbe besetzt. Sie verleihen den Horsten Stattlichkeit und Nachdruck in der Wirkung. Und dazu kommt noch dieses fast mystische tiefe Violettblau der langen Blütenrispen! All diese Eigenschaften lassen nur eines zu: Man muss den Eisenhut einfach bewundern!

Bewunderung und Respekt gehören im Umgang mit Majestäten jedoch eng zusammen und sind auch beim Eisenhut angebracht. Die Staude ist nämlich in allen Pflanzenteilen hochgiftig. Sie enthält das nach ihr benannte Alkaloid Aconitin, das bei Verzehr tödlich wirken kann. Schon der römische Kaiser Claudius soll im Jahr 54 nach Christus mittels Eisenhut ermordet worden sein. Im Mittelalter galt Eisenhut daher – wie viele andere hochgiftige Pflanzen auch – als Hexenattribut.

Früher war die Pflanze auch unter den deutschen Namen »Wodanshelm« oder »Sturmhut« bekannt. Im Englischen heißt sie »monk's hood«, was so viel wie »Mönchskapuze« bedeutet. Alle Namen haben eines gemeinsam: Sie rühren von der Form der Einzelblüten her, die sich zu langen Rispen aufreihen. Von der Seite betrachtet sehen sie tatsächlich hut- oder helmartig aus (→ Foto links).

Für die Gartenkultur haben verschiedene Arten Bedeutung:

- *Aconitum napellus*: Der Echte Eisenhut blüht im Juli/August und ist in Europa heimisch. Schon vor Jahrhunderten zierte er unsere Kloster- und Bauerngärten. Von dieser Art gibt es auch weiße Sorten.
- *Aconitum carmichaelii*: Der Herbst-Eisenhut blüht von September bis Anfang November. Seine Urform stammt aus Ostasien, inzwischen gibt es verschiedene Kulturformen, darunter auch rosafarbene Sorten. Aufgrund der seltenen späten Blütezeit ist er für die Gartengestaltung ganz besonders wertvoll.
- *Aconitum henryi* 'Spark': Diese Kulturform (→ Foto links) blüht im Juli und August und entwickelt ein besonders tiefes Blauviolett.
- *Aconitum × cammarum* 'Bicolor': Die Blüten dieser Kulturform sind zweifarbig blau-weiß. Sie blüht ebenfalls im Juli und August und wird auch Bayerischer Eisenhut genannt.

Alle Eisenhut-Varianten liebe absonnige oder halbschattige, kühle Plätze. Der Boden sollte nährstoffreich und am besten lehmig-humos sein. Eine gute Wasserversorgung ist wichtig. Je sonniger der Eisenhut steht, desto reichlicher muss Wasser zur Verfügung stehen. Heiße Standorte kommen jedoch gar nicht infrage.
Mit seinen lang gestreckten blauen Blütenrispen, der ungewöhnlichen Größe und den dicken Horsten hat der Eisenhut eine ähnliche optische Wirkung wie der Rittersporn und ist überall dort erste Wahl, wo es für den Rosenkavalier Rittersporn zu schattig wird. Der Herbst-Eisenhut empfiehlt sich außerdem für Pflanzengesellschaften, deren Blütenschwerpunkt in der zweiten Jahreshälfte liegt.Vor allem zwischen herbstfärbenden Gehölzen bildet er dann leuchtkräftige Kontraste mit seinen blauen Blüten.

Dem Himmel entgegen im Kloster- und Bauerngarten

Ob er es nun seinen giftigen Inhaltsstoffen verdankt oder allein seiner Schönheit, fest steht: Der Echte Eisenhut war fester Bestandteil alter Kloster- und Bauerngärten. Die Medizin- und Arzneigärten der Mönche enthielten schließlich allerlei Pflanzendrogen, die natürlich nur zu Heilzwecken verwendet wurden. Vielleicht erlag man aber auch einfach der Erhabenheit, mit der die langen blauen Lanzen wie ausgestreckte Finger gen Himmel zeigen. In jedem Fall stehen dem Eisenhut noch heute buchsgesäumte Beete hervorragend zu Gesicht, wie das Pflanzbeispiel auf dieser Seite zeigt. Mit seiner stattlichen Größe gibt er klaren formalen Gartengrundrissen eine dritte Dimension und ist ein hervorragender Strukturgeber. Hier erhebt er sich neben Clematis, Schlitzahorn, Funkien, Bart-Iris und anderen Stauden und verleiht diesen Gartenpartien einen blauen Anstrich. Eisenhut könnte im Bauerngarten aber auch Stellung vor rustikalen Zäunen beziehen und damit die Gartengrenze bis auf Augenhöhe optisch abschirmen. Er markiert willig den Höhepunkt in gestaffelten Blumen- und Staudenrabatten, wo er mehrere »Etagen« kleinwüchsigerer Blüher mühelos überragt. Gold-Felberich, Taglilien oder Astilben gehören dort zu seinen blütenreichen Standard- und Standort-Partnern.

In der Rabatte bestimmt der Standort die Begleiter

Keine Frage, dass eine so dekorative Erscheinung wie der Eisenhut ein gefragtes Rabatten-Highlight ist. Mit

Links: *In einem sonnigen Beet muss der Wassernachschub stets gesichert sein, damit der Eisenhut auch hier gedeiht.*

Unten: *Weißer Eisenhut strahlt mit der lila Dolden-Glockenblume um die Wette. Letztere wird je nach Sorte zwischen 30 und 130 cm hoch.*

seiner seltenen blauen Blütenfarbe passt er auch zu nahezu allen anderen Farben in der Nachbarschaft. Boden- und Lichtverhältnisse bestimmen deshalb maßgeblich die Begleiter.

Immer ideal: absonnig bis halbschattig

Diese Bedingungen liegen dem Eisenhut am meisten. Rabatten an Nord- oder Ostseiten von Gebäuden oder hohen Hecken bieten ihm eine ideale Basis zur Entfaltung. Hell, aber nur wenig direkte Sonneneinstrahlung, die Luft eher kühl als heiß. Unter solchen Bedingungen begleiten ihn Dolden-Glockenblume *(Campanula lactiflora)* und Schwarzäugiger Storchschnabel (*Geranium psilostemon*, → Foto rechts). In diesem Pflanzbeispiel ist mit *A. napellus* 'Album' ein weißer Eisenhut vertreten. Er wird nur 100 cm hoch und verkehrt mit etwa gleich hohem Storchschnabel auf Augenhöhe. Effektvoll hebt er sich jedoch vom Pink des Partners ab. Die Dolden-Glockenblume bringt ihr kühles, helles Lilablau mit ein, das auch blaue Eisenhut-Sorten sehr elegant und Ton in Ton untermalen würden.

Auf solchen Plätzen geben Wald-Storchschnabel *(Geranium sylvaticum)*, Herbst-

Unten: *Herbst-Eisenhut und Silberkerzen »kühlen« das feurige Herbstlaub der Gehölze im Waldgarten.*

anemonen, Astilben, Frauenmantel *(Alchemilla mollis)*, Funkien *(Hosta)* oder Schnee-Felberich *(Lysimachia clethroides)* klassische Partner ab. Und nicht zuletzt kommt der schlanke Eisenhut zwischen den runden Sträuchern von Hortensien gut zur Geltung.

Auf feuchtem Boden verträgt Eisenhut auch Sonne

Auf Böden, die gut Wasser speichern können, und Standorten, auf denen das kühle Nass stets ausreichend Nachschub erhält, toleriert Eisenhut durchaus auch sonnige Verhältnisse. So kann er auch einmal mit Sonnenanbetern gefällige Nachbarschaften eingehen. Das Foto auf Seite 104 oben zeigt ein solches Pflanzbeispiel: Hier steht blauer Eisenhut zwischen Fetthenne (*Sedum* 'Matrona') und *Phlox* 'Lilac Lady', umgeben von Sommersalbei *(Salvia nemorosa)* und pinkfarbenem Schwarzäugigem Storchschnabel *(Geranium psilostemon)*.

Charmanter Waldgeist

Lichter Schatten, hohe Luftfeuchtigkeit und kühle Temperaturen prägen auch die Atmosphäre im Waldgarten. Kein Wunder also, dass der Eisenhut in dieser Umgebung als guter Geist Furore macht. Sein kühles Blau scheint im gedämpften Licht noch mystischer zu strahlen. Die späte Blüte des Herbst-Eisenhuts (*A. carmichaelii* 'Arendsii') kontrastiert außerdem farblich perfekt mit den warmen Tönen des Herbstlaubs der Gehölze (→ Foto oben). Weiße Silberkerzen *(Cimicifuga simplex)* gehören hier zu seinen Traumpartnern. Sie können bis zu 1,5 m hoch werden und entwickeln ihre volle Schönheit erst nach ein paar Jahren Standzeit, werden dann aber sehr alt am selben Standort. Ihre schlanken Kerzen erblühen erst im Oktober und erscheinen über einem dichten Meer aus hübschen dunkelgrünen, gefiederten Blättern. Alternativ könnte man das Ganze auch mit Farnen und Waldgräsern wie Wald-Marbel *(Luzula sylvatica)* oder Japan-Segge *(Carex morrowii)* naturnah ergänzen.

Die wichtigsten Pflegehandgriffe

Pflanzen Sie Eisenhut im Frühjahr. Ist er erst einmal eingewachsen, beschränkt sich die Pflege auf das Gießen in Trockenperioden und den Rückschnitt nach der Blüte. Tragen Sie dazu wegen der Giftigkeit der Pflanze Handschuhe. Als Startdüngung im Frühjahr können Sie einen organischen (etwa Kompost oder Hornspäne) oder mineralischen Dünger (z. B. Fertigpräparate aus dem Fachhandel) verabreichen.

Die besten Begleiter

Im Bauerngarten: Astilben, Clematis, Funkien, Gold-Felberich, Taglilien
In der Rabatte: Astilben, Dolden-Glockenblume, Frauenmantel, Funkien, Herbstanemonen, Hortensien, Schnee-Felberich, Schwarzäugiger Storchschnabel, Sterndolden
Im Waldgarten: Farne, Silberkerze, Wald-Geißbart, Wald-Glockenblume, Waldgräser

Zarte Herbstanemonen

Ein Glücksfall für schattige Gärten! Weiße oder rosa Blüten von elfenhaftem Charme schaukeln auf Horsten von enormer Wuchskraft.

Rechts: *Auf halbschattigen Staudenrabatten behaupten sich Herbstanemonen unter starkwüchsigen Nachbarn wie Chinaschilf und Kerzen-Knöterich.*

Unten: *Im lichten Schatten am Gehölzrand gehen Herbstanemonen eine romantische rosarote Allianz mit Dahlien und Begonien ein.*

Fast durchscheinend wirken die zarten Blütenblätter bei Licht betrachtet (→ Seite 111, Foto links). Die überwiegend hellen Rosatöne und das Reinweiß der verschiedenen Sorten fördern den Eindruck der Transparenz natürlich noch. Die Blüten bilden schöne offene Schalen von klarem Aufbau um eine deutliche, von kleinen, gelben Staubgefäßen gesäumte Mitte. Diese »Bilderbuchblüten« können einfach, halbgefüllt oder gefüllt sein. Stets erscheinen sie in lockeren Rispen am Ende verzweigter Stängel. Unter dem deutschen Begriff Herbstanemonen fasst man verschiedene Formen zusammen, nämlich *Anemone hupehensis* und *Anemone hupehensis* var. *japonica*. Letztere sind im Handel meist als *Anemone* Japonica-Hybriden geführt. Inzwischen ist auch einfach die Bezeichnung *Anemone × hybrida* verbreitet. Eine weitere Art ist *A. tomentosa*, von der mit 'Robustissima' eine besonders wüchsige, 100–120 cm hohe Sorte verbreitet ist. Die Hybriden werden, je nach Sorte, zwischen 60 und 120 cm hoch. Ihre Blüten erscheinen von August bis Oktober und eignen sich übrigens auch hervorragend für den Vasenschnitt. Allerdings gilt es gut abzuwägen, ob man sie nicht lieber an der Pflanze ausreifen lässt. Denn einige Sorten schmücken sich mit äußerst dekorativen, watteböllchenähnlichen Früchten (→ Seite 111, Foto rechts), die sich wunderbar vom dunklen Herbstlaub der Stauden abheben. Der aparte, fragile Flor und der kräftige Wuchs stehen in einem spannenden Gegensatz. Aus der Pflanzenmitte heraus wachsen mehrere verzweigte Stängel, die auch noch mit großen, zusammengesetzten, dreiteiligen Blättern besetzt sind. So entstehen voluminöse Horste, die von den hauchfeinen Blüten getoppt werden. Über unterirdische Ausläufer entwickeln Anemonen einen gewissen Eroberungsdrang, den man gelegentlich mit dem Spaten in Schranken verweisen muss.

Sympathie für Schattenseiten

Zu den geschilderten optischen Qualitäten kommt noch eine besonders sympatische Eigenschaft: Während die meisten Prachtstauden anspruchsvolle Sonnenanbeter sind, bevorzugen Herbstanemonen die schattigeren Lagen im Garten. Volle Sonne vertragen sie nur auf lehmigen, feuchten Böden. Ideal stehen sie im lichten Schatten hoher Gehölze.

Auch absonnige Lagen etwa vor Nord- oder Ostwänden bekommen ihnen gut. Sie sind somit eine hervorragende Wahl für die sonst eher schwierig zu begrünenden »Schattenseiten« des Gartens. Gönnen Sie Ihren Herbstanemonen jedoch in jedem Fall einen nährstoffreichen Untergrund mit lehmig-humoser Erde und eine gute Wasserversorgung.

Im Wechsellicht unter Gehölzen

Das Beispiel auf Seite 106 zeigt, wie viel Farbenpracht am Gehölzrand einziehen kann, wenn Anemonen die schattigeren Partien beziehen. Hier muss der Boden allerdings frisch und sehr nahrhaft sein. Unter schattenwerfenden Zweigen entfalten sich die Anemonen optimal. Sie dürfen jedoch nicht so nah stehen, dass sie in unmittelbare Wurzelkonkurrenz zu Bäumen oder Sträuchern treten. In den stärker besonnten Partien im Vordergrund ergänzen hier rosa Dahlien und Begonien das Bild Ton in Ton.
In Gehölzrand-Situationen lassen sich Herbstanemonen auch gut mit Silberkerzen *(Cimicifuga)* kombinieren, die mit ihren schlanken Blütenkerzen einen herrlichen Kontrast zu den Schalen der Anemonen bilden. Aber auch Farne wie Wurmfarn *(Dryopteris)* oder Trichterfarn *(Matteuccia)* sowie Waldgräser sind eine passende und stimmungsvolle Ergänzung. Japan-Segge *(Carex morrowii)* beispielsweise und Japanisches Waldgras *(Hakonechloa)* lieben solche Standorte und stehen Anemonen gut zu Gesicht. Sie zaubern naturnahe Waldrandatmosphäre in den Garten.

Wenig besonnte Rabatten

Es muss aber nicht unbedingt naturnah sein. Herbstanemonen machen auch in Rabatten unter anderen Prachtstauden eine gute Figur und brauchen deren Blütenkonkurrenz nicht zu scheuen. An Pflanzplätzen, die nur für einige Stunden am Tag der Sonne ausgesetzt sind, fühlen sie sich durchaus wohl. Je schwe-

Links: *'Elegans' wächst zunächst nur langsam, besticht jedoch von Anfang an mit aparten zartrosa Blüten.*

Unten: *Freiflächen in halbschattiger Lage bieten Anemonen gute Bedingungen.*

rer und wasserhaltiger der Boden, desto mehr direkte Sonneneinstrahlung können diese Schattenstauden tolerieren. Im Beispiel auf Seite 107 begleiten sie Wasserdost *(Eupatorium)*, der ebenfalls frische, kühle, gut wasserversorgte Standorte liebt, und Chinaschilf *(Miscanthus)*. Vor diesen beiden Giganten wirkt selbst die frohwüchsige Anemonen-Sorte 'Robustissima' sehr zierlich. Im Vordergrund reckt der Kerzen-Knöterich *(Bistorta amplexicaulis)* seine rubinroten, schlanken Ähren in die Höhe. Diese rosarote Rabatte verleiht dem Halbschatten einen romantischen Anstrich. Selbst die Chinaschilf-Rispen fügen sich silbrig-rosa ins Gesamtbild ein. Außerhalb der Blütezeit wirkt diese Gemeinschaft durch die Fülle des Laubs und durch die unterschiedlichen Blattformen dekorativ.

In halbschattigen Rabatten lassen sich Herbstanemonen aber auch gut mit Astilben kombinieren. Ihre fedrigen Blütenstände bilden einen hübschen Form-Kontrast und lockern das Erscheinungsbild auf. Zahlreiche rosafarbene Sorten erlauben herrliche Ton-in-Ton-Pflanzungen. Dazu könnte man rosa Sterndolden *(Astrantia major)* pflanzen, die mit ihren kleinen Blütenknöpfchen feine Pünktchen in den Beetvordergrund setzen, während im Hintergrund stattlicher blauer Herbst-Eisenhut den Überblick bewahrt.

Für Senken oder andere halbschattige Freiflächen auf frischen Böden

Das Beispiel auf dieser Seite suggeriert eine freie Landschaft, ist aber dennoch von lauter Gartenstauden geprägt. Dabei kann man förmlich die feuchte Erde unter den Füßen spüren und erwartet zwangsläufig, dass ein kleiner Bachlauf im Hintergrund mäandert. Frischfeucht muss der Untergrund schon sein für diese Staudengesellschaft – aber er darf keine Staunässe zeigen. Das vertragen die wenigsten Stauden. Die Luft wird von hoher Feuchtigkeit geprägt, und insgesamt überwiegen schattige Verhältnisse.

Im Garten finden sich solche Bedingungen oft in Senken am Rand abschüssiger Lagen, an der Grundstücksgrenze, die vielleicht schon von der umgebenden Landschaft geprägt wird oder von benachbarten Bäumen oder Wasser. Häufig werden solche Plätze als Problem-

Unten: *Auf der sonnenabgewandten Seite der Hecke wächst dieser Blütenwall aus Anemonen und gibt dem Waldgarten seine zauberhafte Farbe.*

standort abgetan und etwas vernachlässigt. Doch wie bunt und lebendig man die Szene gestalten kann, zeigt dieses Beispiel. Im Hintergrund markiert der 250 cm hohe Wasserdost mit seiner mächtigen rosa Kuppel das Grundstücksende. Davor ziehen Goldruten *(Solidago)* eine leuchtende Bordüre ein. Rechts erhebt Kandelaber-Ehrenpreis *(Veronicastrum virginicum)* seine imposanten Blütenstände, überragt von Riesen-Pfeifengras *(Molinia arundinacea)*. Die Herbstanemonen fungieren als Farbgeber im rechten Teil der Pflanzung, wobei die kompakt wachsende, nur 60 cm hohe Sorte 'Pamina' mit ihren halbgefüllten karminrosa Blüten farblich perfekt mit den Blüten des Wasserdosts korrespondiert. Der niedriger bewachsene Teil in der Mitte wird von Moor-Pfeifengras *(Molinia caerulea)* und Storchschnabel *(Geranium)* geprägt.

Die Ideal-Lage: absonnige Plätze vor Mauern oder Hecken

Zu den Lieblingsplätzen der Anemonen gehören aber sicher helle Plätze in absonniger Lage, wie sie an Nordseiten von Mauern oder Hecken vorkommen. Hier können sie sich frei entfalten, ohne Wurzeldruck von mächtigen Gehölzen und ohne direkter Sonneneinstrahlung ausgesetzt zu sein – ein lauschiges Fleckchen nach Anemonen-Vorlieben. Vor der dunklen Kulisse immergrüner Heckenpflanzen kommen die leuchtenden Anemonenfarben außerdem besonders vorteilhaft zur Geltung (→ Foto oben). Hier brilliert 'Hadspen Abundance' mit ihren einfachen purpurrosa Blüten, die auf charmante Art den Weg säumen. Ihre Horste werden 50–70 cm hoch und bilden hier eine geschlossene Reihe, die vor der mannshohen Hecke eine gefällige Stufe einzieht und dem Sichtschutzelement die Strenge nimmt. Die Herbstanemonen beleben diesen der Sonne abgewandten Bereich allen Vorurteilen zum Trotz mit Farbe und Blüten. Sie neigen ihre Köpfe in Richtung der gegenüberliegenden, stärker besonnten Wegseite großlaubigem Küchen-Salbei *(Salvia officinalis)* und Muskateller-Salbei *(S. sclarea)* zu. Der efeuberankte Baumstamm im Hintergrund sowie Rindenmulch als Wegbelag geben der Anlage Waldgarten-Charakter. Man könnte hier auch ein paar großwedelige Farne einstreuen, die etwas Urwaldatmosphäre beisteuern, oder Gräser als Polster an den Wegrand setzen – sie sorgten für eine filigrane Note im Gesamtbild.
Wer gern mit Farben spielt, könnte die geschlossene Anemonenreihe mit ein paar Bergenien (*Bergenia*-Hybriden) unterbrechen. Von dieser dankbaren

Die besten Begleiter

Unter Gehölzen: Farne, Silberkerzen, Waldgräser
In halbschattigen Rabatten: Astilben, Dahlien, Herbst- Eisenhut, Kerzen-Knöterich, Sterndolden
Auf frischen bis feuchten Freiflächen: Kandelaber- Ehrenpreis, Pfeifengras, Wasserdost, Wiesen-Knöterich
In absonniger Lage: Bergenien, Funkien, Purpurglöckchen
Weiß-panaschierte Begleiter: Funkien, Hartriegel 'Argenteomarginata', Japan-Gras 'Variegata', Japan- Waldgras 'Albostriata', Kriechspindel 'Emerald Gaiety'

und anspruchslosen Blattschmuckstaude, die an sonnigen und vollschattigen Stellen gleichermaßen gedeiht, gibt es einige Sorten die sich im Herbst mit rötlichem Laub schmücken. 'Eroica' etwa oder 'David' könnten hier aparte Herbst-Akzente zum Blütenrosa der Anemonen setzen. Zudem würden sie im zeitigen Frühjahr – März/April – mit ihren eigenen großen rosa Blüten für einen ersten Höhepunkt in diesem Gartenbereich sorgen. Auch unter den Purpurglöckchen *(Heuchera)* gibt es viele dekorative rotlaubige Sorten. Sie kommen als Begleiter aber nur an teilweise besonnten Standorten infrage, da sie im Vollschatten zum Vergrünen neigen.

Unten: *Die Herbstanemone 'Honorine Jobert' wird 80–110 cm hoch und beweist dabei gute Standfestigkeit. Das Diamantgras daneben lässt seine biegsamen Halme zwischen die Stängel gleiten. Panaschierte Begleiter wie der Weiße Hartriegel untermalen die weißen Blüten besonders elegant.*

Weiße Sorten als charmante Aufheller für Schattenbereiche

Für Gartengestalter sind Herbstanemonen jedoch nicht nur wegen ihrer Standortvorlieben interessant, die sie für Einsätze prädestinieren, die viele andere Blüher nicht mitmachen. Vielmehr macht sie die große Zahl weißer oder sehr hellrosafarbener Sorten begehrt. Diese bringen Licht ins Dunkel. Sie hellen Bereiche auf, die von der Sonne vernachlässigt werden und daher in der Gesamtwirkung des Gartens schnell untergehen. Gerade der Schatten braucht helle Farben.

Wie brillant und natürlich Herbstanemonen solchen Ecken Glanz verleihen, zeigt das Beispiel auf dieser Seite. Hier rückt die reinweiße 'Honorine Jobert' die Szene ins Rampenlicht. Ihre strahlenden Blüten ziehen selbst im Dämmerlicht noch die Aufmerksamkeit des Betrachters auf sich. Weiß ist die einzige Blütenfarbe, die sogar nachts sichtbar bleibt! Ihre lichte Erscheinung wird geschickt verstärkt durch die cremeweißen Blütenrispen des Diamantgrases und vor allem durch das weiß panaschierte Laub des Weißen Hartriegels (*Cornus alba* 'Argenteomarginata') im Hintergrund. Seine Blätter untermalen zauberhaft das Blütenweiß der Anemonen. Sie sind zudem während der ganzen Saison präsent und somit als »Daueraufheller« sehr wirksam, ehe die Anemonen aufblühen. Die rötliche Rinde gibt dem Ganzen eine zusätzliche interessante Note und setzt sogar noch im Winter ein farbliches Highlight. Der Weiße Hartriegel gedeiht in Sonne und Schatten und empfiehlt sich als äußerst pflegeleichtes Gehölz. Er kann bis zu 3 m hoch werden.

Wem das zu wüchsig erscheint, kann hier auch die weiß panaschierte Kriechspindel (*Euonymus fortunei* 'Emerald Gaiety') einsetzen. Dieses Gehölz ist ebenfalls schattenverträglich und breitet sich kriechend als relativ flacher Teppich aus. Und wenn man ihm eine Rankhilfe bietet, erklimmt es sogar mehrere Meter Höhe.

Auch unter den Stauden empfehlen sich weiß-bunte Partner. Funkien *(Hosta)* etwa könnten die Anemonen hier

ergänzen. Es gibt apart weiß gerandete Sorten wie 'Patriot' oder 'Ground Master'. Umgekehrt zeigt zum Beispiel 'Fire and Ice' eine weiße Blattmitte mit grünem Saum. Waldgräser leuchten ebenso mit panaschiertem Laub. Pflanzen Sie von der Japan-Segge *(Carex morrowii)* die gestreifte Sorte 'Variegata' oder vom Japanischen Waldgras die weißbunte 'Albostriata' – sie alle sind charmante Lichtbringer für den Schatten und prima Anemonen-Kavaliere.
Bei den Herbstanemonen gehört neben der einfach blühenden 'Honorine Jobert' noch 'Whirlwind' zu den populären und gängigen Sorten in Reinweiß. Ihre Blüten sind halbgefüllt. Die Aufhellerfunktion erfüllen aber auch hellrosafarbene Sorten überzeugend. 'Ouverture' etwa lässt ihre einfachen Schalen nur zart erröten und schmückt sich im Herbst auch noch mit duftigen »Wattebäuschen« (→ Foto oben rechts). Die seidige *Anemone tomentosa* 'Septemberglanz' strahlt hellviolettrosa und wirkt rein wie die Unschuld. Stellen Sie den Rosablühern blaulaubige Funkien zur Seite, etwa *Hosta sieboldiana* 'Elegans' oder die Hybride 'Halcyon' – das gibt den pastellfarbenen Schönheiten eine sehr vornehme Ausstrahlung.

Die wichtigsten Pflegehandgriffe

Da Anemonen spät im Jahr blühen, pflanzt man sie stets im Frühjahr. So hat die Pflanze viel Zeit, einzuwurzeln und kräftig zu wachsen, ehe die kräftezehrende Blüte beginnt. Im ersten Standjahr und in rauen Lagen sollte man den zarten Schönen etwas Winterschutz geben, am besten in Form einer dicken Packung aus trockenem Falllaub, die man mit Fichtenreisig abdeckt.
In den Folgejahren gibt man den Pflanzen zum Austrieb eine organische Startdüngung. Gut abgelagerter Mist eignet sich dazu, aber auch Laubkompost. Beides sorgt für Nachschub an organischem Material und stellt die nötigen Nährstoffe zur Verfügung. Sorgen Sie in Trockenperioden immer für ausreichende Wasserzufuhr. Im Spätherbst oder im zeitigen Frühjahr schneiden Sie die Horste zurück.
Da sich Herbstanemonen über kurze Ausläufer langsam weiter ausbreiten, beanspruchen sie im Lauf der Zeit immer mehr Platz. Werden sie zu expansiv, sticht man sie von den Rändern her mit dem Spaten ab. Gehen Sie dabei gründlich vor, denn die Pflanzen treiben auch aus abgerissenen Wurzelstücken neu aus.

Links: *Die seidigen Blütenblätter von 'Honorine Jobert' erscheinen im Gegenlicht fast transparent.*

Rechts: *Der Fruchtschmuck einiger Sorten erinnert an Wattebällchen.*

Herbst-Chrysanthemen

Man nennt die Schönen aus Fernost auch Winterastern, weil sie bis zum Frost mit Blüten in vielen Formen und nahezu allen Farben strahlen.

Rechts: *Sonnige Perspektiven genießt, wer auf dieser Bank in den Abend hinein träumen darf. 'Cottage Apricot' und 'Bronze Elegance' vergolden den Ausblick.*

Unten: *Die zart romantische Chrysanthemum-Rubellum 'Beechcroft' mit ihren margeritenähnlichen Blüten wird in der Rabatte rund 90 cm hoch.*

Auch Novemberblüher war einst ein gebräuchlicher deutscher Name, weil Herbst-Chrysanthemen (*Chrysanthemum* Indicum-Hybriden) tatsächlich dann erblühen, wenn andere Stauden sich in den »Winterschlaf« zurückziehen. Bis zum Frosteinbruch trotzen sie Nebel, Tau und kühlen Nächten und geben dem Garten den letzten Farbanstrich, ehe Minustemperaturen auch ihrer Pracht ein Ende setzen. Dabei starten die ersten Sorten bereits im August mit ihrem Flor. Doch trotz der langen Blütezeit wird ein Chrysanthemengarten nie langweilig oder eintönig. Denn ähnlich wie bei den Dahlien ist die Vielfalt an Blütenformen, -farben und Wuchsgrößen so immens, dass man schon mit Herbst-Chrysanthemen allein spannende Rabatten und Gartenecken gestalten kann. Da gibt es einfache und halbgefüllte margeritenähnliche Blüten mit gelber Mitte. Es existieren aber auch gefüllte, pomponartige und sogar spinnenblütige Sorten. Die Wuchsgrößen variieren von 50 cm bis über 100 cm Höhe. Zwar verholzen die aufrechten, buschigen Horste an der Basis oft, dennoch sind einige sehr hohe Sorten nicht immer ganz standfest. Eichenlaubartig gebuchtete, graugrüne, große Blätter schmücken die Triebe und geben einen herb-aromatischen Duft ab. Bei manchen Sorten nehmen sie zum Saisonende sogar eine attraktive Herbstfärbung an.

Die Blütenfarben sind jedoch die augenfälligste Stärke dieser vielseitigen Züchtungen. Weiß, Gelb, zahlreiche warme Orange- und romantische Apricottöne passen in das temperamentvolle Herbstkolorit der Jahreszeit ebenso wie ungewöhnliche Kupfer- und Rostbrauntönungen oder feuriges Rot. Die Chrysanthemen-Palette umfasst aber auch zarte Rosa- und kühle Violettvarianten.

Jahrtausendealte Kulturpflanze und Statussymbol in Fernost

Die Ursprünge der Chrysanthemen reichen mehr als 2000 Jahre zurück. Im alten China wurden sie bereits in den Gärten kultiviert. Im 4. Jahrhundert gelangten sie von dort nach Japan und machten im Land der aufgehenden Sonne eine steile Karriere. Sie avancierten zum Symbol des Kaisers und des ganzen Landes. Dem einfachen Volk war ihre Kultur verboten, Chrysanthemen waren ein Statussymbol und dem Mächtigsten allein vorbehalten. Noch

heute schmückt die sechzehnblättrige Chrysantheme Thron und Staatswappen Japans.
Vor rund 200 Jahren gelangte die fernöstliche Schönheit nach Europa. Hier nahmen sich zahlreiche Züchter ihrer an und schufen die unglaubliche Vielfalt, die uns das Sortiment heute beschert. Mehr als 5000 Sorten soll es inzwischen geben, und laufend werden es mehr. Man fasst diese Hybriden daher heute trotz aller Unterschiede zur *Chrysanthemum* Indicum-Gruppe zusammen. Zwischenzeitlich führten sie auch die botanische Bezeichnung *Dendranthema* Grandiflorum-Hybriden. In manchen Gartenkatalogen und -büchern sind sie noch heute unter dieser Bezeichnung zu finden. Nahe verwandt und in ihren Eigenschaften sehr ähnlich sind die Sorten der *Chrysanthemum* Rubellum-Gruppe (auch *Chrysanthemum zawadskii* var. *latilobum*). Sie entwickeln meist margeritenähnliche Blüten (→ Seite 112, Foto).

Wärme und Sonne sind gefragt

An den Boden stellen Herbst-Chrysanthemen keine sehr großen Ansprüche. Nährstoffreich soll er für die üppigen Blüher schon sein, ansonsten taugt aber jeder Gartenboden, solange er durchlässig ist. Staunässe, vor allem im Winter, bringt sie um. Die Winterhärte ist ohnehin nicht bei allen Sorte sehr ausgeprägt (→ Seite 117, Pflegehinweise), obwohl man bei neueren Züchtungen verstärkt darauf achtet.
Geben Sie Ihren Winterastern einen sonnigen, warmen Platz, in der Stauden-Rabatte, in reinen Chrysanthemen-Beeten, neben herbstfärbenden Gehölzen oder in Töpfen auf der Terrasse.

Die besten Begleiter

Gräser: Chinaschilf, Lampenputzergras, Pampasgras, Pfeifengras, Rutenhirse
Stauden: Frikarts-Aster, Kerzen-Knöterich, Myrten-Aster, Pfingstrosen
Gehölze mit schöner Herbstfärbung: Eberesche, Feuerahorn, Pfaffenhütchen, Prachtglocke

Links: *Die tiefrote Sorte 'Granatschopf' stammt aus der Züchterwerkstatt des berühmten Staudengärtners Karl Foerster. Sie wird rund 70 cm hoch.*

Rechts: *Herbst-Chrysanthemen (im Vordergrund) und Gräser wie das Chinaschilf (im Hintergrund) ergänzen sich in der Rabatte prächtig.*

Harmonische Stauden-Begleiter

Wie bringt man Winterastern im Garten am besten zur Geltung? Naturgemäß prädestiniert sie die späte Blüte dazu, kleidsame Partnerschaften mit anderen Herbstschönheiten einzugehen. Dabei steht es den teilweise sehr großen und kompakt geformten Blüten sehr gut, wenn die Begleiter eine etwas filigranere Note in das Pflanz-Ensemble einbringen.

Gräser schmeicheln der Diva sehr

Allen voran bieten sich Gräser zum intimen Tête-à-Tête an. Sie zeigen sich ebenfalls im Herbst von ihrer besten Seite und versprühen mit ihren »Fontänen« aus Samenständen und sich biegenden Halmen duftige Leichtigkeit. Im Beispiel oben rechts lässt im Hintergrund das Chinaschilf seine seidigen Rispen überfließen und spannt seinen Schirm aus langen Halmen über Astern und verschiedenen Herbst-Chrysanthemen auf.
Alternativ könnte auch das malerische Pampasgras *(Cortaderia selloana)* hier seine Wedel in Szene setzen. Wem beides zu mächtig erscheint, der kann auch auf die zierlichere Rutenhirse *(Panicum virgatum)* ausweichen. Mit ihren rund 100 cm Höhe schmiegt sie sich auf Augenhöhe zwischen die Herbst-Chrysanthemen und lässt ihre rot gefärbten Halme in deren Horste gleiten. Für schwachwüchsige Sorten oder als Rabattenvordergrund empfiehlt sich auch das 50–70 cm hohe Lampenputzergras *(Pennisetum alopecuroides)*. Seine cremefarbenen Fruchtstände schmeicheln allen Chrysanthemenfarben.

Filigrane Blüher heben sich ab

Mit der Eleganz der Gräser können nicht viele spät blühende Stauden konkurrieren. Aber Arten, die sich durch besonders zarte Blütenformen auszeichnen, bieten dem Auge einen hübschen Kontrast. In dem Pflanzbeispiel oben links lässt der Kerzen-Knöterich (*Bistorta amplexicaulis* 'Atrosanguinea') seine fädigen, rubinroten Blütenähren zu den runden, orangefarbenen Scheiben der Herbst-Chrysantheme 'Cottage Apricot' kontrastieren. Er blüht von Juli bis Oktober. Dazu setzt die zierliche *Aster × frikartii* mit ihren filigranen Körbchenblüten ein paar violettblaue Tupfer.
Ein guter Tipp für eine schmeichelhafte Beetbegleitung sind auch die elfenhaft zarten Myrten-Astern. Mit ihren winzigen Sternblütchen in hellen Farben, die in Rispen zusammenstehen, wirken sie wie Wolkenschleier in der Rabatte und umschmeicheln die wuchtigeren Chrysanthemen mit einer duftigen Note.

Winterastern unter sich

Die große Sortenvielfalt der Herbst-Chrysanthemen erlaubt aber auch Gestaltungen, bei denen sie ganz unter sich bleiben (→ Seite 116, Foto oben). Kombiniert man verschiedene Blütenformen, suggerieren sie dem Betrachter Artenvielfalt, wo streng genommen keine vorliegt. Eine gute Höhenstaffelung und geschickte Farbkombination tun ihr Übriges dazu. Reine Chrysanthemen-Beete haben den Vorteil, dass die Standortbedingungen, Düngung und Pflege ganz auf ihre speziellen Bedürfnisse abgestimmt werden können. Man kann stets großflächig arbei-

Links: *Ein feuriges Duo bilden 'Cottage Apricot' und der Kerzen-Knöterich. Mit 100 cm Höhe überragt er die Chrysantheme mit seinen schlanken Blüten.*

Rechts: *Prachtvolle weiß-gelbe Pompon-Blüten schmücken die Sorte 'Gerry Hock'. Sie ergeben auch einen schönen und haltbaren Vasenschmuck.*

Links: *Reine Chrysanthemen-Beete sollten in Höhe, Blütenform und -farbe variieren. Hier teilen sich rosa 'Orchid Helen', bronzefarbener 'Kleiner Bernstein' und die gelbe 'Golden Dream' das Beet.*

Unten: *Bäume, Sträucher, Gräser und Stauden verabschieden sich mit warmen Herbstfarben. Chrysanthemenblüten geben ihr intensives Violett dazu.*

ten. Außerdem verzeihen es solche Beete leichter, wenn man gelegentlich einen Strauß Schnittblumen für die Vase schneidet. Die Fülle der Blüten kaschiert die Lücken. Als Schnittblumen haben Herbst-Chrysanthemen ihren großen Auftritt. Sie halten sehr lange in der Vase, und mit ihren großen Blüten machen sie viel her. Übrigens: Bei den Chrysanthemen, die es im Blumenfachhandel gibt, handelt es sich in der Regel um nicht winterharte Schnittsorten, die in Gewächshäusern herangezogen werden.

Zu herbstfärbenden Gehölzen

Der Saisonausklang ist in der Natur natürlich die große Zeit der Gehölze. Mit ihren bunten Laubfarben versüßen sie uns den Abschied vom Sommer. In dieses Szenario lassen sich Herbst-Chrysanthemen prima einbinden. Die vielen Blütenfarben im warmen Spektrum – Gelb, Orange, Rot, Braun – fügen sich ohne Brüche in die bunte Umgebung ein. Mit Spannung darf man dann beobachten, wer länger durchhält und dem Wintereinbruch länger trotzt: die Blüte der Winterastern oder die Laubblätter der Bäume und Sträucher. Das Beispiel rechts auf dieser Seite zeigt,

dass bei entsprechender Partnerwahl auch violette Chrysanthemensorten ins feurige Gehölzambiente passen. Zierkohl *(Brassica)* greift hier den gleichen Farbton auf und spinnt das violette Farbthema weiter in Richtung Beetrand. Dazu passt das rosarote Herbstlaub der Prachtglocke *(Enkianthus)*. Gelb verfärbte Funkien *(Hosta)* und das Ockergelb von Rutenhirse und Pfeifengras sorgen für goldenen Glanz.

In Töpfen immer in Augennähe

Mit ihren buschigen Horsten und den großen Blüten beweisen Herbst-Chrysanthemen Topfpflanzen-Qualität. Und tatsächlich sieht man im Herbst allerorten an Eingangstüren, auf Treppenstufen, Terrassen und Balkonen Pflanzgefäße, die den Blütenzauber direkt am Haus und in Betrachternähe zelebrieren. Dekorative Töpfe unterstreichen die Schönheit der Blüten noch und sind ein zusätzliches Gestaltungsmittel. Terrakotta-Amphoren (→ Foto rechts) verbreiten Toskana-Flair und harmonieren besonders mit den Rot- und Rosatönen der Sorten 'Tictac', 'Tisy', 'Padoc' und 'Yahou Lilac-Pink'. Neuseeländischer Drahtwein *(Muehlenbeckia)* sowie Zier-Erdbeeren (*Fragaria* 'Red Ruby') fungieren hier als Unterpflanzung, die elegant über den Gefäßrand fließt.
Winterharte Sorten, die man als Topfpflanzen kauft, können noch im Herbst in den Garten ausgepflanzt, zurückgeschnitten (im ersten Winter abdecken) und in den Folgejahren dort weiterkultiviert werden. Für raue Lagen ist die Topfkultur jedoch vorzuziehen. Sind erste Nachtfröste angemeldet, kann man die Pflanzen über Nacht ins Haus stellen und die Blüten auf diese Weise länger erhalten. Später lassen sich Chrysanthemen in hellen, kühlen Räumen auch im Topf überwintern.

Die wichtigsten Pflegehandgriffe

Wirklich gefahrlos überwintern *Chrysanthemum* Indicum-Hybriden nur im Weinbauklima. *Chrysanthemum*-Rubellum-Sorten sind etwas frosthärter. In raueren Lagen lässt man die Triebe über Winter stehen und deckt die Pflanze mit Reisig ab, damit keine Nässe eindringt – vor allem sie führt zu Winterschäden. Man kann den Ballen auch ausgraben und im Topf frostfrei, aber kühl und hell, etwa im Keller, überwintern. Dann schneidet man die Triebe aber schon im Herbst zurück. Im Frühjahr düngt man und entspitzt die ersten Triebe, damit die Pflanze buschiger wächst. Hohe Sorten stäbt man später, wenn es nötig ist.

Oben: *Herbst-Chrysanthemen sind ideal für die Topfkultur und verlängern die Blütensaison bis zum Wintereinbruch. Wichtig: Vor der Blüte dürfen die Pflanzen nachts nicht beleuchtet werden, sonst öffnen sie ihren Flor nicht. Achten Sie also darauf, dass sie nicht in der Nähe von Lampen stehen. Oder stellen Sie bereits blühende Chrysanthemen auf.*

Blütenreiche Herbstastern

Zum Saisonfinale sind sie als Farbträger im Garten unerlässlich. Dicht an dicht sitzen die sternförmigen Blüten auf den buschigen Horsten.

Rechts: *Eine imposante Herbst-Rabatte: Die Kissen-Aster 'Jenny' und die Himmelsaster 'Blauschleier' (rechts) fungieren als wichtigste Farbträger. Gräser, Fuchsien und verschiedene Beetrand-stauden ergänzen das Bild.*

Unten: *Myrten-Astern sind stets weiß oder pastellfarbig. Von fern wirken sie wie Wolken im Beet.*

Als mächtige farbige Kuppeln beziehen sie Stellung in der Rabatte oder als kniehohe runde Polster – je nach Art. Lilablau, violett, purpurn, karminrot, rosa oder weiß stehen sie da, und fast sieht es aus, als hätte kein Blatt Platz zwischen den zahllosen bezaubernden Blütensternchen. Diese zeigen oft – wie Margeriten – eine gelbe oder bräunliche Mitte, um die sich die filigranen »Strahlen« aufreihen. Die Blüten stehen in doldig verzweigten Rispen zusammen am Ende der Triebe und bilden dadurch eine nahezu geschlossene Farboberfläche.

Doch ehe diese prächtigen Stauden zur Blütezeit Farbe bekennen, überzeugt durchaus auch der Schmuckwert ihres Laubs. Die vieltriebigen Horste tragen zahlreiche schmal-lanzettliche Blätter von dunkelgrüner Farbe. Durch den dichten Wuchs wirken sie auch vor der späten Blütezeit bereits sehr dekorativ im Garten. Sie bringen Fülle ins Beet und fungieren als grüne Kulisse für früh-blühende Stauden wie beispielsweise Türkenmohn. Dessen Lücken kaschieren die Astern eifrig, wenn sein Laub nach der Blüte vergilbt und schließlich einzieht.

Die faszinierende Staudengattung der Astern ist so vielfältig und umfangreich, dass man sie nach ihrer Blütezeit grob unterteilt in Frühlingsastern (zum Beispiel *Aster alpinus*), Sommerastern (zum Beispiel *A. amellus*, *A. × frikartii*) und die hier vorgestellten Herbstastern. Und selbst unter dem Namen Herbstastern sind mehrere unterschiedliche Arten zusammengefasst. Für die Gartengestaltung von ganz besonderer Bedeutung sind vor allem die vielseitig verwendbaren Kissen-Astern und die hohen Astern, die in Rabatten spielend die Leitstaudenfunktion übernehmen können:

> Raublatt-Astern *(Aster novae-angliae)*: Sie werden je nach Sorte 60–160 cm hoch und blühen von September bis Ende Oktober in allen oben aufgeführten Farben. Sie sind eine begehrte Bienenweide. Ihre Blätter sind leicht behaart und fühlen sich dadurch etwas rau an – daher ihr deutscher Name Raublatt-Aster. Ihre Blütensternchen schließen sich abends und bei schlechtem Wetter.

> Glattblatt-Astern *(Aster novi-belgii)*: Diese Sorten werden 60–140 cm hoch und blühen ebenfalls in allen bereits geschilderten Farbtönen. Frühe Sorten starten ab August, späte halten bis Ende Oktober durch. Ihre Blüten blei-

ben auch bei trübem Wetter offen und eignen sich prima für den Vasenschnitt. Die Stängel tragen glatte, unbehaarte Blätter. Bei hohen Sorten sind sie jedoch nicht immer standfest. Über kurze Ausläufer breiten sich die Pflanzen im Beet nach und nach weiter aus. Glattblatt-Astern sind besonders auf frische bis feuchte Böden angewiesen.

> Myrten-Astern (*Aster ericoides*): Sie sind weit seltener in unseren Gärten vertreten als die anderen Astern-Arten. Dabei verbreiten sie einen zauberhaft romantischen Charme. Ihre Blütchen sind kleiner, erscheinen aber in umso größerer Zahl an stark verzweigten Rispen. So wirken sie wie Schleier in der Rabatte oder wie Wolken. Zu diesem Eindruck tragen auch die durchweg hellen, weißen oder fast weißen Blütenfarben sowie die zartrosa und helllavendelfarbenen Töne bei. Auch die schmalen Blättchen sind noch zierlicher als bei anderen Astern und wirken fast wie kleine Nadeln. Myrten-Astern werden, abgesehen von ein oder zwei zwergigen Varianten, stattliche 90–120 cm hoch und blühen – wenn die Witterung mitspielt – von September bis in den November hinein. Sie kommen auch noch mit mäßig trockenen Böden zurecht.

> Kissen-Astern (*Aster dumosus*): Sie sind die Kleinsten in diesem Bunde. Ihre Sorten werden zwischen 20 und 60 cm hoch. Sie blühen ebenfalls von September bis Ende Oktober in zarten sowie in kräftigen Farben. Wie die Glattblatt-Astern bilden sie kurze Ausläufer und weben auf diese Weise mit der Zeit einen immer größer werdenden Teppich.

Aus Neuengland in die Alte Welt

Die Urformen der Herbstastern stammen aus dem östlichen Nordamerika. Zum Teil besiedelten sie auch noch die Prärien in der Mitte des Kontinents. Dort suchten sie sich sonnige Plätze zum Gedeihen, jedoch auf eher frischen bis feuchten, nahrhaften Böden.
Diese Vorliebe für gut wasserversorgten Untergrund haben auch die Kulturformen bis heute behalten. Die Prachtstaudenrabatte ist also der ideale Platz für sie, der ihre Ansprüche optimal erfüllt. Trockenheit quittieren sie oft mit Mehltaubefall. Auch Pflanzungen vor warmen Hauswänden, an denen sich die Hitze staut und die nachts noch Wärme abgeben, sind kein Platz für Herbstastern. Denn auch die Luft sollte noch etwas Feuchtigkeit zu bieten haben, um die blattreichen Horste zu erfrischen.

Stars and Stripes – Blütensternchen zwischen Halmen

Wie könnte es für eine Herbstschönheit anders sein – zu ihren Traumpartnern in der Rabatte gehören Gräser. Doch anders als die Herbst-Chrysanthemen, in deren Begleitung Gräser die Rolle des Auflockerns übernehmen, sind Astern selbst eher fein strukturiert und filigran. Im Mix mit Gräsern entstehen dann fast impressionistisch wirkende, romantische, verspielte Kombinationen (→ Foto oben links). Hier umgarnen sich die rötlich herbstverfärbte Rutenhirse (*Panicum virgatum* 'Rehbraun') und eine besonders zierliche Astern-Varietät, eine Kreuzung aus *Aster laevis* × *A. ericoides*. Beide werden rund 100 cm hoch und lassen ihre Triebe und Halme einfach ineinanderfließen.

Stufen-Optik und Etagenbildung

Statt Konturen zu verwischen und ineinander verschwimmen zu lassen, kann man die strikt vertikale Struktur der Gräser und die Eigenschaft der Astern, nahezu geschlossene Farboberflächen zu erzeugen, auch nutzen und geradezu grafisch anmutende Rabattenprofile gestalten.
Im Beispiel oben rechts sind klare Stufen herausgearbeitet. Die dichten Horste des in Reihe gepflanzten Chinaschilfs (*Miscanthus sinsensis* 'Gracilis') bilden einen geschlossenen grünen Wall. Er wird überragt von der bereits blühenden Chinaschilf-Sorte 'Roland'. Im Vordergrund bildet die Glattblatt-Aster 'Schöne von Dietlikon' eine »Treppenstufe« niedriger. Die zahlreichen dicht an dicht stehenden Blüten zaubern eine geschlossene Farbfläche auf einer Ebene.

Links: *Bleichgesicht unter Rothäuten ist in diesem Fall Aster laevis × ericoides, durchsetzt von den Halmen der Rutenhirse 'Rehbraun'.*

Rechts: *Treppenförmig abgesetzt duckt sich die Glattblatt-Aster 'Schöne von Dietlikon', die immerhin bis zu 120 cm hoch wird, vor das hohe Chinaschilf.*

Eine gute Ergänzung wären hier Purpur-Fetthennen *(Sedum telephium)*, die man vor die Herbstastern pflanzt.
Auf zwei Ebenen findet auch das Miteinander von niedrigen Kissen-Astern und hohen Gräsern im Pflanzbeispiel oben rechts statt. Aus einem gleichförmigen Meer aus blauen und weißen Asternblüten erhebt die Rutenhirse 'Schleifenhain' ihre Halme wie lodernde Feuerzungen zum Himmel. Die herbstlich rot gefärbten Spitzen und die duftigen Blütenstände leuchten gewissermaßen in der zweiten Etage über dem Asternteppich.
Eine ähnliche Wirkung könnte man auch mit dem straff aufrecht wachsenden Gartensandrohr (*Calamagrostis × acutiflora*) 'Karl Foerster' erzielen. Seine Fruchtstände sind jedoch kompakter und ockergelb.

Inselbeet: gute Höhenstaffelung nach allen Seiten

Die Sortenvielfalt der Astern, die sowohl Zwerge als auch nahezu mannshohe Riesen bereithält, sowie der Formenreichtum der Gräser ermöglichen ausgeklügelte Höhenstaffelungen (→ Foto oben links). In diesem Beispiel überragt Goldleistengras (*Spartina pectinata* 'Aureomarginata') als Zentrum dieses Inselbeet zwischen Sitzplatz und Weg. Im Schulterschluss zur Seite stehen ihm die Raublatt-Aster 'Violetta' (links) und die Glattblatt-Aster 'Erica' (rechts), beide werden gut 100 cm hoch. Den Übergang zum Beetsaum füllen panaschierte Funkien *(Hosta)* und die gelblaubige Zwerg-Spiere (*Spiraea japonica* 'Golden Princess'), die 40–50 cm hoch wird. Den Beetrand kolorieren dann wieder niedrige Kissen-Astern. Die lila-

Links: *Fein abgestimmt sind die Pflanzpartner dieses Inselbeets, das von Goldleistengras überragt wird. Dieses kann bis zu 150 cm hoch werden.*

Rechts: *An ein Lagerfeuer erinnert dieser temperamentvoll gefärbte Horst der Rutenhirse in Form und Farbe.*

Links: *Astern und Dahlien teilen sich die Blütezeit, kontrastieren aber gut in der Blütenform.*

Unten: *Schwer zu sagen, wer hier das intensivste Farbfeuer entfaltet: Korkflügelstrauch oder Astern?*

blaue 'Mittelmeer' und die rotviolette 'Herbstfeuer' wachsen sehr kompakt und bleiben 25–40 cm klein. Hier werden sie von den büscheligen Schöpfen der Japan-Segge aufgelockert. Alternativ könnte man hier auch das Goldbartgras *(Sorghastrum nutans)* verwenden. Seine Halme schließen ungefähr mit den hohen Asternhorsten ab, erst die Blütenrispen überragen dann die Szene. Wer noch mehr Höhe ins Beet bringen will, setzt Riesen-Pfeifengras *(Molinia arundinacea)* in die Mitte. Je nach Sorte erreicht es Höhen zwischen 120 und 240 cm und bereichert die Gesellschaft mit seinem goldgelben Herbstlaub.

Astern mit anderen blütenreichen Herbstschönheiten

Die Farbwirkung der Astern allein ist zwar schon überwältigend, aber wer so kurz vor Saisonende noch einmal so richtig in Blütenfarben schwelgen will, wählt aus dem Fundus der anderen Spätblüher farbenfrohe Begleiter. Allen voran bieten sich dazu Dahlien an (→ Foto oben links). Es gibt sie in allen Größen, und mit ihren Blütenformen heben sie sich gut von den zierlichen Astern ab. Im Beispiel oben setzen die beiden einfachen Dahlien-Sorten 'Loki Schmidt' und 'Karfunkel' hellrote bzw. dunkelrote Farbtupfer ins blau-violette Asternmeer und geben ihm einen warmen Anstrich. Die verschiedenen Asternsorten sind so gestaffelt, dass sich die geschlossenen Farbflächen von der Kuppe der Rabatte bis zum Boden wölben. Die einzeln und locker auf ihren Stängeln schaukelnden Dahlienblüten und die fedrigen Wedel des Diamantgrases *(Calamagrostis brachytricha)* bilden da einen willkommenen Gegenpol fürs Auge. Diese Kombination sorgt bis Ende Oktober gemeinsam für Farbe. Blütezeit-Überschneidungen haben Astern aber auch mit einigen sonnigen Hochsommerblühern aufzuweisen. Einige Goldruten-Formen *(Solidago)* halten ihr Blütenfeuerwerk bis Oktober durch (→ Seite 123, Foto). Goldgelb leuchten die Rispen, sie scheinen aus der Mitte der Horste herauszusprudeln. Die fontänenartige Silhouette belebt das Bild und »kräuselt« die blaue Oberfläche des Asternmeers. Das frische Gelb gibt eine spritzige Note und reißt die

Unten: *Das sommerliche Gelb der Goldruten frischt die Farbtöne der Astern auf. Mit ihren Blütenfontänen beleben sie die Asternwogen. Goldruten-Sorten werden 50–80 cm hoch, Arten sogar bis 150 cm.*

Sternenblüher heraus aus den sonst üblichen Rot-, Purpur-, Violett-Kombinationen, die das herbstliche Farbspektrum so mit sich bringt.
In diesem Sinne könnten hier auch Sonnenbraut und Sonnenauge bis Ende September mit um die Wette strahlen, die Stauden-Sonnenblume sogar bis Oktober. Allerdings ergeben hier die Blütenformen keinen so starken Kontrast. Ganz anders der blaue Herbst-Eisenhut: Er könnte mit lilablauen Astern in lichtschattige Stellen des Gartens Bilder von wahrhaft geheimnisvoller Ausstrahlung malen.

Feuriger Herbstausklang mit bunten Laubgehölzen

Man sollte bei der Gestaltung mit Astern jedoch den Blick nicht nur auf die Rabatte fokussieren. In jedem Garten gibt es Bäume und Sträucher. Rücken Sie, wo immer es möglich ist, Astern in die Nähe laubabwerfender Gehölze, am besten solcher Arten, die sich mit spektakulären Herbstfarben schmücken. In diesem Umfeld kommen Astern, egal welcher Blütenfarbe, ganz groß heraus. Zu den feurigsten Erscheinungen am Saisonende gehört der Korkflügelstrauch (*Euonymus alatus*, → Seite 122, Foto rechts). Die Intensität seiner karminroten Laubfarbe nimmt es sogar mit der Asternpracht spielend auf. Im Vordergrund breitet noch ein Essigbaum *(Rhus typhina)* seinen ebenfalls feuerroten Blätterschirm über die Pflanzung aus. Fetthenne *(Sedum spectabile)* und rotlaubiges Purpurglöckchen *(Heuchera)* ergänzen die temperamentvolle Gesellschaft mit ihren Rottönen. Für etwas Abkühlung sorgt nur das Lampenputzergras *(Pennisetum)* am Beetrand. Mit so viel Farbe im Garten wird das Ende der Saison noch einmal ein echter Höhepunkt.
Weitere atemberaubende Herbstfärber unter den Gehölzen sind zum Beispiel verschiedene Ahornarten, Felsenbirne, Trompetenbaum, Katsurabaum, Parrotie und viele Zieräpfel.

Die wichtigsten Pflegehandgriffe

Die Wahl des passenden Standorts und ein ständig ausreichendes Wasserangebot sind die wichtigsten Voraussetzungen, um Astern gesund zu erhalten und sie vor Echtem Mehltau und Asternwelke zu bewahren. In Trockenperioden muss man daher durchdringend gießen. In jedem Frühjahr bringt man eine 3 cm dicke Kompostschicht als Dünger aus. Hohe Sorten sollte man stäben. Die Horste scheidet man nach der Blüte zurück, damit keine Sämlinge aufgehen.

Die besten Begleiter

Gräser: Chinaschilf, Diamantgras, Gartensandrohr, Goldbartgras, Goldleistengras, Japan-Segge, Lampenputzergras, Riesen-Pfeifengras, Rutenhirse
Spätblüher: Dahlien, Goldruten, Herbst-Eisenhut, Purpur-Fetthenne, Sonnenauge, Sonnenblume, Sonnenbraut
Gehölze mit schöner Herbstfärbung: Ahorn, Essigbaum, Felsenbirne, Katsurabaum, Korkflügelstrauch, Parrotie, Trompetenbaum, Zieräpfel

Ein fulminantes Saisonfinale

Das Gartenjahr neigt sich dem Ende zu, aber hier zeigt es sich noch einmal von seiner schönsten Seite. Stauden und Gräser ziehen alle Register, um den Abschied zu versüßen. In diesem Garten ist der Herbst die schönste Jahreszeit. Dafür sorgen vor allem Astern, Diamantgras und Purpur-Fetthenne. Ihre späten Blüten in den intensiven Violett- und Purpurfarben scheinen im warmen Licht der flach einfallenden Herbstsonne regelrecht zu glühen.

Warme Farben an kühlen Plätzen

Gehölze geben diesem Gartenzimmer einen grünen Rahmen. Der Weg teilt es in zwei Bereiche, die etwas unterschiedliche Standortbedingungen aufweisen. Der hintere Teil fußt auf frisch-feuchtem Boden und ist von hoher Luftfeuchtigkeit geprägt. Hier entfaltet sich der gigantische Wasserdost und gibt mit seinen gut 2 m Höhe und den fußballgroßen Blütenständen einen wuchtigen Hintergrund ab. Zusammen mit dem ebenso stattlichen Chinaschilf markiert er den Höhepunkt der Rabatte. Mehrere Tuffs mit Stauden-Sonnenblumen blühen nahezu auf Augenhöhe. Als wiederholt auftauchendes Gestaltungselement bringen sie Takt und Rhythmus in das Ganze. Der bestimmende Farbgeber auf dieser Seite sind jedoch die Astern. Als farbiges Band schlängeln sie sich durch die Anlage. Raublatt-Aster 'Barr's Blue' und die Glattblatt-Aster 'Schöne von Dietlikon' gehen mit ihren Blau-Violett-Tönen harmonisch ineinander über. Unterbrochen werden sie von den auf-schießenden Rispen des Diamantgrases. Vom Sonnenlicht durchflutet wirken sie wie ein Feuerwerk vor dem farbintensiven Hintergrund der Astern. Ein paar rote Herbst-Chrysanthemen setzen ihre »Leuchtkugeln« dazwischen. Alle Pflanzen auf dieser Wegseite schätzen gute Wasserversorgung und nährstoffreichen, frischen Boden.

Die andere Wegseite ist etwas sonnenexponierter und heißer. Der Boden trocknet vorübergehend auch einmal aus und ist nicht ganz so nährstoffreich. Unter diesen Bedingungen fühlen sich Purpur-Fetthenne und Atlas-Schwingel wohl. Die breiten, rostroten Blütenschirme der Fetthenne korrespondieren wunderbar mit dem Diamantgras und den Wasserdost-Blütenständen und kontern die Farbwirkung der Astern auf der gegenüberliegenden Seite. Die beigen Halme der halbkugeligen Schwingel-Polster säumen mit ihren »stacheligen« Buckeln diese Beetseite ein.

So geht man vor

Die beschriebenen Verhältnisse finden sich oft in größeren Gärten, in denen ein Teil länger der direkten Sonneneinstrahlung oder der Mittagshitze ausgesetzt ist als ein anderer. Auch auf Neubaugrundstücken sind unterschiedliche Bodenverhältnisse auf kleinem Raum keine Seltenheit, je nachdem was im Rahmen der Baumaßnahmen an Erde verfüllt wurde. Bei gleichermaßen nährstoffreichen, frisch-feuchten Verhältnissen kann man auf der Fläche der Fetthennen die Erde durch Zugabe von Sand etwas abmagern. Denn auf zu fetten Böden werden die Asketen standschwach. Pflanzzeit für Herbstblüher und Gräser ist das Frühjahr. Geben Sie zum Saisonstart jährlich eine Düngergabe. Wenn man ab Mai die Triebspitzen der Astern mehrmals kappt, verzweigen sie sich besser und blühen üppiger. Vor allem standschwache Sorten wie 'Barr's Blue' werden so stabiler. Notfalls hält man sie, ebenso wie das Diamantgras, mit Staudenstützen aufrecht. Lassen Sie Fetthennen und Gräser über den Winter stehen, sie sehen mit Schnee und Raureif bedeckt zauberhaft aus. Schneiden Sie sie erst im Frühjahr bis zum Boden zurück. Alle drei Gräser neigen zur Selbstaussaat – entfernen Sie also die Sämlinge sofort.

Pflanzplan

Beetgröße ca. 3,5 x 4,5 m

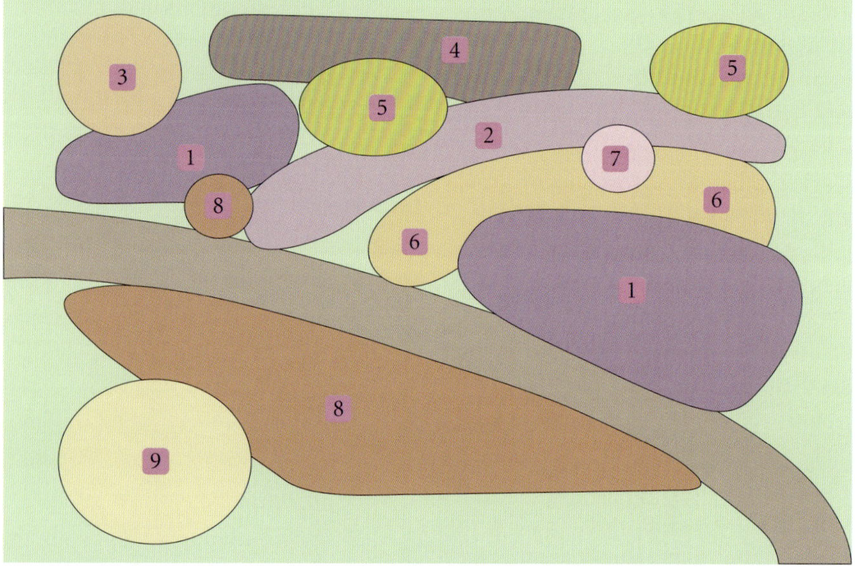

Pflanzliste

1. 5–8 Rauhblatt-Aster (*Aster novae-angliae* 'Barr's Blue')
2. 5–7 Glattblatt-Aster (*Aster novi-belgii* 'Schöne von Dietlikon')
3. 1 Chinaschilf *(Miscanthus sinensis)*
4. 2–3 Wasserdost (*Eupatorium maculatum* 'Atropurpureum')
5. 2–4 Sonnenblume (*Helianthus micropetalus* 'Lemon Queen')
6. 3–5 Diamantgras *(Calamagrostis brachytricha)*
7. 1–2 Herbst-Chrysantheme (*Chrysanthemum* Indicum-Hybride 'Oury')
8. 10–16 Purpur-Fetthenne (*Sedum telephium* 'Herbstfreude')
9. 1–2 Atlas-Schwingel *(Festuca mairei)*

Die besten Begleitpflanzen im Porträt

Gehölze, Sommerblumen, Gräser, Farne und Begleitstauden stehen beim Auftritt der Staudenklassiker Spalier und bringen ihre Schönheit zur Geltung.

Gehölze

	Name	Standort	Blütezeit/-farbe	Höhe/Wuchs	Besonderheiten
	**Rote Hecken-Berberitze** *Berberis thunbergii*	☼ ◑ alle Böden	Mai gelblich, klein	1,2–2 m reich verzweigt	schnittverträglich, leuchtend karminrote Herbstfärbung; 'Atropurpurea' hat ganzjährig purpurrotes Laub
	**Buchs** *Buxus sempervirens* 'Suffruticosa'	☼ ● frische Böden, vorübergehend auch trocken, neutral bis kalkhaltig	April–Mai unscheinbar	bis 1 m reich verzweigt	immergrün, sehr schnittverträglich, für Einfassungen; verschiedene Sorten z. B. 'Blauer Heinz' mit bläulichem Laub, 'Elegantissima' weißlich-grün panaschiert
	**Waldrebe** *Clematis* in Arten und Sorten	☼ Fuß beschattet, nährstoffreiche, durchlässige Böden	Mai–Sept. je nach Sorte, große Blütensterne	2–7 m je nach Sorte, kletternd	großblumige Hybriden sind anfällig für Clematiswelke, *C. viticella* und *Clematis*-Wildarten sind robuster
	**Weißer Hartriegel** *Cornus alba*	☼ ● alle Böden	Mai gelblich-weiße Dolden	3–4 m breit aufrecht	rote Rinde v. a. bei 'Sibirica', als Blattschmuckgehölze panaschierte Sorten, z. B. 'Elegantissima' und 'Sibirica Variegata', beide weiß-grün panaschiert
	**Prachtglocke** *Enkianthus campanulatus*	◑ ● saurer Boden, sandig bis humos	Mai gelblich-rosa, maiglöckchenähnlich	2–3 m straff aufrecht, etagenartige Seitenäste	Blätter elliptisch, bläulich-grün, feurig rote oder gelbe Herbstfärbung
	**Efeu** *Hedera helix*	◑ ● frische, humusreiche Böden	Sept.–Okt. gelb, blüht erst ab dem 10. Jahr	bis 30 m klettert mittels Haftwurzeln	immergrün, Jugendblätter gelappt, Altersblätter rautenförmig; Fassadengrün, selbstkletternd, auch als Bodendecker
	**Bauern-Hortensie** *Hydrangea macrophylla*	◑ humos, feucht	Juni–Sept. rosa, blau, große Blütenbälle	1–3 m rundbuschig, wenig verzweigt	viele Sorten, Blütenfarbe von der Bodenreaktion abhängig; populär ist auch die weiß blühende *H. arborescens*
	**Rosen** *Rosa* in Sorten	☼ nährstoffreiche, humose Böden	Juni–Okt. viele Farben, einfach bis stark gefüllt	0,3–2 m buschig-strauchig, Kletterrosen bis 7 m	zahlreiche Sorten in allen Größen und Farben (außer Blau), manche nur einmalblühend (Juni/Juli), auch duftende Sorten

Stauden

Name	Standort	Blütezeit/-farbe	Höhe/Wuchs	Besonderheiten	
Schafgarbe/Goldgarbe *Achillea* Millefolium- und *A.* Filipendulina-Hybriden	☼ warm, auch heiß, Boden durchlässig, mäßig trocken bis frisch	Juni–Sept. rosa, rot, lachs-, terrakottafarben oder gelb, schirmförmig	50–120 cm lockere Horste	aromatisches Laub, graugrün, fein gefiedert, bildet Ausläufer; Schnittblume, zum Trocknen geeignet; viele Sorten, nicht alle standfest	
Duftnessel, Anis-Ysop *Agastache foeniculum*	☼ ◐ warm, durchlässig, sandig oder kiesig, lehmig, nährstoffreich	Juli–Sept. violettblau, lila, aufrechte Kerzen, bis 20 cm lang	60–100 cm dichtbuschig	Blätter haben Lakritzaroma; Selbstaussaat; *A. urticifolia* ist großlaubiger	
Stockrose *Alcea rosea*	☼ warm, tiefgründig, frisch	Juli–Sept. viele Farben, Kerzen aus einfachen oder gefüllten Einzelblüten	120–220 cm	mitunter nur zweijährig, Bauerngartenpflanze, nicht immer standfest; 'Nigra' ist dunkelrot, fast schwarz	
Frauenmantel *Alchemilla mollis*	☼ ◐ nährstoffreich, mäßig trocken bis feucht	Juni–August grünlich-gelb, filigran in wolkigen Blütenständen	30–50 cm dichte, halbkugelige Horste	schmucke, große, fast kreisrunde Blätter, in denen oft Tropfen stehen, daher auch Blattschmuckstaude; dankbares Universalgenie	
Zierlauch *Allium*-Arten und -Sorten	☼ warm, mäßig trocken bis frisch, durchlässig sandig	Mai–Juli violett, riesige Blütenkugeln	40–150 cm Höhe je nach Art, Blattschopf mit einzelnen langen Blütenstängeln	Zwiebelpflanze; *A. aflatunense*, *A. christophii* (30–50 cm), *A. giganteum* (120–150 cm), 'Purple Sensation' tiefviolett, *A. sphaerocephalon* mit kegelförmiger Blüte	
Große Engelwurz *Angelica gigas*	☼ ◐ nährstoffreich, frisch bis feucht	Aug.–Sept. tief purpurfarben, große schirmartige Dolden	100–220 cm ornamental	hellgrüne, tief eingeschnittene Blätter, Blattscheiden purpurrot, gerillte Stängel; kurzlebig, oft nur zweijährig; Solitär-Pflanze	
Färberkamille *Anthemis* Tinctoria-Hybriden	☼ mäßig trocken bis frisch	Juni–Sept. gelb, margeritenähnlich	50–100 cm buschige Horste, fast halbkugelig	kurzlebig, gefiederte Blätter, aromatisch; nach der Blüte zurückschneiden; mehrere Sorten z. B. 'E. C. Buxton' (zitronengelb)	
Akelei *Aquilegia*-Hybriden	☼ ◐ alle Böden, bevorzugt frisch, humos	Mai–Juni viele Farben, oft zweifarbig, einfach oder gefüllt, gespornte Glöckchen	40–80 cm aufrecht lockere Horste	zusammengesetztes Laub; meist kurzlebig, Selbstaussaat; heimische Art *A. vulgaris* (blau, violett)	

Stauden

	Name	Standort	Blütezeit/-farbe	Höhe/Wuchs	Besonderheiten
	**Edelraute** *Artemisia* in Arten und Sorten	☼ warm, auch heiß, durchlässig, trocken bis frisch, nährstoffarm	Juli–Aug. unscheinbar	25–120 je nach Typ polsterförmig oder buschig aufrecht	Laub silbergrau, z. T. stark gefiedert, aromatisch; *A. schmidtiana* 'Nana' (25 cm), *A. arborescens* 'Powis Castle' (70–100 cm), *A. vulgaris* 'Oriental Limelight' (gelb-grün panaschiert)
	**Große Sterndolde** *Astrantia major*	◐ frisch bis feucht, lehmig-humos	Juni–Aug. weißlich oder rosa, knopfartig bis sternförmig	40–70 cm horstartig, buschig	heimische Wildstaude; Selbstaussaat
	**Bergenie** *Bergenia*-Hybriden	☼ ◐ ● alle Böden	März–Mai hellrosa, karminrosa, weiß, gedrungene Trugdolden	30–50 cm mit der Zeit flächig	große, runde, fleischig ledrige Blätter, z. T. rötlich, rötliche Herbstfärbung, immergrün; Pflanze breitet sich über Rhizome mit der Zeit flächig aus
	**Kerzen-Knöterich** *Bistorta amplexicaulis*	☼ ◐ frisch bis feucht, lehmig, nährstoffreich	Juli–Okt. rubinrot, winzig, in schmalen langen Ähren	80–120 cm breitwüchsige Horste	breit-lanzettliche bis herzförmige Blätter, gelbe Herbstfärbung; Wiesen-Knöterich *(B. officinalis)* graurosa, walzenförmige Blüte im Mai/Juni, Standort feucht bis sumpfig
	**Riesen-Glockenblume** *Campanula lactiflora*	☼ ◐ kühl, frisch bis feucht, nährstoffreich	Juni–Aug. lilablaue Rispen	80–130 cm aufrechte Horste	mitunter standschwach, vor Schnecken schützen, 'Alba' blüht weiß, 'Loddon Anna' rosa; für ähnliche Standorte auch Wald-Glockenblume *(C. latifolia)*
	**Pfirsichblättrige Glockenblume** *Campanula persicifolia*	☼ ◐ warm, mäßig trocken bis frisch, durchlässig	Juni–August blau bis lila, glockig	50–100 cm aufrechte Blütenstängel aus grundständiger Blattrosette	bildet Tochterrosetten und breitet sich flächig aus, Selbstaussaat; 'Grandiflora Alba' weiß; ähnliche Ansprüche: *C. carpatica* (15–30 cm), *C. glomerata* (20–60 cm)
	**Filziges Hornkraut** *Cerastium tomentosum* subsp. *columnae*	☼ auch vollsonnig, warm, Boden trocken bis frisch, auch steinig	Mai–Juni kleine weiße Trichterblüten	10–15 cm breit, durch Ausläufer teppichbildend	lanzettliche, silbergraue Blättchen, winter- bis immergrün
	**Silberkerze** *Cimicifuga racemosa*	◐ kühl, frisch bis feucht, humos	Juli–Aug. weiß, bis 60 cm, lange schlanke Kerzen	140–200 cm horstartig	gefiederte, dunkelgrüne Blätter, Blütenstiele überragen die Horste, Blüte Sept.; *C. racemosa* 'Atropurpurea' rotlaubig, Blüte Sept., September-Silberkerze *(C. simplex)*

Stauden

Name	Standort	Blütezeit/-farbe	Höhe/Wuchs	Besonderheiten	
Nadelblättriges Mädchenauge *Coreopsis verticillata*	☼ frisch, gern lehmig	Juni–Sept. gelb, sternförmige Körbchenblüten	30–70 cm vieltriebig, aufrecht	filigrane, nadelartige Blätter, reich blühend; populär auch das Großblumige Mädchenauge *(C. grandiflora)*	
Montbretie *Crocosmia × crocosmiiflora*	☼ warm, mäßig trocken bis frisch, durchlässig	Juli–Sept. orange, rot, in überhängenden, langen, ährenartigen Blütenständen	60–100 cm schwertlilienartige Horste	Knollenpflanze; schmale schwertförmige Blätter, überhängend; Winterschutz empfehlenswert	
Schildblatt *Darmera peltata*	◐ ● kühl, luftfeucht, frisch bis nass, nährstoffreich, humos	April–Mai rosa bis weißlich, doldenähnlich gewölbte Blütenstände	80–120 cm breite Blatthorste	bildet über Ausläufer große Bestände; runde Blätter bis 60 cm groß, erscheinen nach der Blüte, kupferfarbene Herbstfärbung	
Tränendes Herz *Dicentra spectabilis*	☼ ◐ kühl, luftfeucht, frisch bis feucht, humos	Mai–Juni zweifarbig rosa/weiß, herzförmig, an waagrechten Trauben	60–80 cm locker horstartig, überhängend	Bauerngartenstaude; Blatt gefiedert, blaugrün, zieht nach der Blüte ein; 'Alba' blüht reinweiß	
Fingerhut *Digitalis purpurea*	◐ kühl, luftfeucht, mäßig trocken bis frisch, humos	Juni–Juli rosa, innen gefleckt, Kerzen aus fingerhutähnlichen Einzelblüten	80–180 cm hohe Blütenschäfte über grundständiger Blattrosette	heimische Waldrandstaude, oft nur zweijährig; giftig; 'Alba' blüht reinweiß, inzwischen gibt es auch gelbe und apricotfarbene Hybriden	
Purpur-Sonnenhut *Echinacea purpurea*	☼ nährstoffreicher, frischer Boden	Juli–Sept. karminrosa, Margeritenblüten mit gewölbter dunkler Mitte	50–110 cm hostartig aufrecht	Schnittblume, Heilpflanze, Schmetterlingspflanze; 'Alba' blüht weiß mit brauner Mitte, 'Kim's Mophead' blüht weiß mit grüner Mitte (45 cm)	
Kugeldistel *Echinops ritro*	☼ warm, auch heiß, durchlässig, trocken bis frisch	Juli–Aug. stahlblau, kugelförmig	80–120 cm horstartig, buschig	reich belaubt, tief eingeschnittene Fiederblätter, dünn bedornt, unterseits weißlich, Schnittblume, auch zum Trocknen geeignet	
Natternkopf *Echium vulgare*	☼ durchlässig, (mäßig) trocken, mäßig nährstoffreich	Mai–Aug. blau, in langen Blütenkerzen	30–100 cm buschig-aufrecht	fein stachelig behaart, graugrün, meist zweijährig; Bauerngartenpflanze, Schnittblume, Färberpflanze	

Stauden

	Name	Standort	Blütezeit/-farbe	Höhe/Wuchs	Besonderheiten
	**Schmalblättriges Weidenröschen** *Epilobium angustifolium*	☼ ◐ frisch, nährstoffreich	Juli–Sept. violett, lang gestreckte Blütenkerzen	60–120 cm straff aufrechte Horste	schotenartige Fruchtstände; zu konkurrenzstarken Begleitern setzen; 'Alba' blüht reinweiß, geringerer Ausbreitungsdrang
	**Goldlack** *Erysimum cheiri*	☼ warm, Boden frisch, gern kalkhaltig	April–Juni gelb, orange, rot, braun, einfach oder gefüllt, aufrechte Trauben	20–70 cm buschig, verholzende Stängelbasis	intensiver Blütenduft; zweijährig, Aussaat von Mai bis Juli, im August an den endgültigen Platz setzen, blüht im Folgejahr
	**Wasserdost** *Eupatorium*	☼ ◐ frisch bis nass, nährstoffreich	Juli–Okt. graurosa, purpurrosa,karminrot, große flache oder gewölbte Dolden	150–240 cm hohe, dichte Horste	rote Stängel, Blätter quirlständig, orangegelbe Herbstfärbung; *E. maculatum* 'Atropurpureum' hat fußballgroße Blüten und bronzerote Blätter
	**Zierfenchel** *Foeniculum vulgare*	☼ nährstoffreich, durchlässig, frisch bis feucht	Juni–Juli gelb, in flachen Dolden	80–150 cm buschig, aufrecht	filigranes, fein gefiedertes Laub, süß-aromatisch; Blattschmuckpflanze; häufig nur zweijährig; verschiedene rot- und bronzelaubige Sorten wie 'Rubrum', 'Purpureum'
	**Pracht-Storchschnabel** *Geranium × magnificum*	☼ ◐ mäßig trocken bis feucht, gern lehmig	Mai–Juni blau, violett, schalenförmig	40–60 cm lockere Horste	gelappte, eingeschnittene Blätter, dunkelgrün, nicht immer standfest, bildet kurze Ausläufer; populär auch *G. himalayense*, *G. pratense*, *G. sylvaticum*
	**Schwarzäugiger Storchschnabel** *Geranium psilostemon*	☼ ◐ mäßig trocken bis frisch, nährstoffreich	Mai–Juni leuchtend pink bis magentafarben, schwarze Mitte, schalenförmig	70–120 cm buschig aufrecht	großes, zerteiltes Laub, gelbe Herbstfärbung, nicht immer standfest, schöner Rosenbegleiter; *G. sanguineum* ebenfalls magentafarben (20–40 cm)
	**Rispen-Schleierkraut** *Gypsophila*	☼ warm, auch heiß, trocken bis frisch, durchlässig, kalkhaltig	Juni–Sept. weiß, winzige Einzelblüten wolkenartig gehäuft	60–120 cm reich verästelt	wirkt wie eine Wolke im Beet, brüchige, dünne Stängel, graugrüne Blätter; Teppich-Schleierkraut (*G. repens*, 20 cm)
	**Nachtviole** *Hesperis matronalis*	◐ ● nährstoffreich, frisch, durchlässig, kalkhaltig	Mai–Juli hellrosa bis tiefviolett, in Trauben	60–100 cm aufrecht, vielästig	starker, weit streifender Duft vor allem in den Abendstunden; oft nur zweijährig, nicht immer standfest; 'Alba' blüht reinweiß

Stauden

Name	Standort	Blütezeit/-farbe	Höhe/Wuchs	Besonderheiten	
Purpurglöckchen *Heuchera*-Hybriden	☼ ◐ kühl, luftfeucht, Boden frisch bis feucht, durchlässig	Juni–Aug. weiß, rosa, karminrot, winzige Glöckchen in lockeren Rispen	20–70 cm halbkugelige Blatthorste, polsterförmig	rundlich gelappte Blätter, z. T. stark geadert oder gezeichnet, viele Laubfarben, 'Plum Pudding' purpurrot, 'Creme Brulée' caramel, 'Siver Scrolls' silbergrau mit dunklen Adern	
Funkien *Hosta*-Hybriden	◐ ● kühl, luftfeucht, Boden frisch, humos, gern lehmig	Juni–Aug. weiß, lila, violett, in lockeren Trauben	15–140 cm horstartig, breit	herzförmige Blätter, z. T. deutlich geadert, viele Sorten mit bläulichem oder gelblichem Laub sowie weiß oder gelb panaschiert; *H. sieboldiana* 'Elegans' stahlblau	
Fackellilie *Kniphofia*-Hybriden	☼ warm, auch heiß, Boden durchlässig, nährstoffreich, frisch	Juli–Sept. gelb, orange, rot, z. T. zweifarbig, Einzelblüten in fackelähnlichen Kolben	60–140 cm grasartiger Blattschopf	schilfartige Blätter, wintergrün; etwas Winterschutz empfehlenswert; viele Sorten z. B. 'Green Jade' gelbgrün, 'Canary' hellgelb, 'Alcazar' orangerot	
Lavendel *Lavandula angustifolia*	☼ warm, auch heiß, trocken bis frisch, durchlässig, kiesig, sandig, kalkhaltig	Juni–Aug. blauviolett, lila, in kleinen Ähren	25–70 polster- bis kissenförmig	Halbstrauch, Basis verholzend, Blüte und Blatt stark aromatisch, schmale, silbergraue Nadelblätter, immergrün; 'Alba' reinweiß, 'Rosea' rosa; Schopflavendel *(L. stoechas)*	
Sommermargerite *Leucanthemum* × *superbum*	☼ nährstoffreich, frisch, durchlässig	Juni–Sept. weiß mit gelber Mitte oder gefüllt reinweiß, typische Margeritenform	50–90 cm aufrecht, dichtbuschig	Blätter dunkelgrün, lanzettlich; nicht immer standfest, Totalrückschnitt nach erster Blüte fördert zweiten Flor; öfter teilen, sonst kurzlebig	
Berg-Kreuzkraut *Ligularia stenocephala*	◐ kühl, luftfeucht, frisch bis nass, nährstoffreich, humos	Juli–Aug. goldgelb, aufrechte Kerzen	80–180 cm aufrecht, buschig	dekorative herzförmige Blätter mit gezähntem Rand, Selbstaussaat; populär auch Kerzen-Ligularie *(L. przewalskii)* und Strauß-Kreuzkraut *(L. dentata)*	
Lupine *Lupinus* Polyphyllus-Hybriden	☼ warm, Boden frisch, durchlässig, sandig-humos	Mai–Juni blau, violett, rosa, weiß, gelb, rot, in dichten Kerzen	60–100 cm straff aufrechte Horste	handförmig geteilte Blätter, ziehen nach der Blüte ein; mitunter standschwach; Totalrückschnitt nach erster Blüte fördert zweiten Flor	
Blutweiderich *Lythrum salicaria*	☼ ◐ warm, frisch bis nass, nährstoffreich, humos, lehmig oder tonig	Juni–Sept. purpurviolett, in langen, schmalen Scheinähren	60–120 cm straff aufrechte, lockere Horste	Blätter schmal lanzettlich, schöne Herbstfärbung; Selbstaussaat	

Stauden

	Name	Standort	Blütezeit/-farbe	Höhe/Wuchs	Besonderheiten
	**Indianernessel** *Monarda*-Hybriden	☼ warm, Boden frisch, nährstoffreich	Juli–Sept. karmin-, purpur-, scharlachrot, violett, rosa, weiß, fransige Quirlblüten	70–130 cm aufrechte, buschige Horste	aromatisches Laub, stumpfgrün, bei trockenem Stand mehltauanfällig; zahlreiche Sorten
	**Katzenminze** *Nepeta × faassenii*	☼ warm bis heiß, trocken bis frisch, durchlässig, sandig, kalkhaltig	Mai–Okt. blauviolett, lavendelfarben, Blüten in Quirlen an langen Blütenständen	20–50 cm breite Polster	aromatische, graugrüne Blätter; Rückschnitt nach erster Blüte fördert zweiten Flor, dankbarer Langzeitblüher
	**Blauraute** *Perovskia abrotanoides*	☼ warm, auch heiß, trocken bis mäßig trocken, mager, sandig, steinig	Juli–Sept. lila, blauviolett, winzige Lippenblüten in lockeren Rispen	60–120 cm bogig aufrecht, wenig verzweigt	Halbstrauch, Triebe verholzen an der Basis, Blätter filigran gefiedert, graufilzig, aromatisch duftend, jedes Frühjahr stark zurückschneiden
	**Jakobsleiter** *Polemonium caeruleum*	☼ ◐ kühl, luftfeucht, frisch bis feucht, nährstoffreich	Mai–Juni und Sept. himmelblau, Glöckchen in lockeren Trugdolden	50–80 cm horstartig aufrecht	Blätter regelmäßig gefiedert, leiterartig, frischgrün; vor Schnecken schützen, Totalrückschnitt nach erster Blüte bringt zweiten Flor
	**Sommersalbei** *Salvia nemorosa*	☼ warm, (mäßig) trocken bis frisch, durchlässig, nährstoffreich	Mai–Aug. und Sept. blauviolett, Lippenblüten in schlanken Ähren	40–70 cm horstartig aufrecht	Laub stumpfgrün, aromatisch; Rückschnitt nach erster Blüte bringt zweiten Flor; 'Schneehügel', 'Adrian' reinweiß, 'Rosakönigin' rosa, Muskateller-Salbei *(S. sclarea)* zweijährig, rosa-lila
	**Küchen-Salbei** *Salvia officinalis*	☼ warm bis heiß, trocken bis mäßig trocken, nährstoffarm, kalkhaltig, sandig	Juni–Juli hell violettblau, kleine Lippenblüten in lockeren Ähren	30–60 cm breitbuschig	Halbstrauch, aromatische Blätter in Silbergrau und anderen Farben, 'Purpurascens' grau, purpur überlaufen, 'Tricolor' grün-weiß-purpurn, 'Icterina' gelb-grün panaschiert
	**Wiesenknopf** *Sanguisorba officinalis*	☼ ◐ warm, frisch bis feucht, nährstoffreich	Juni–Aug. rosa- oder schwarzrot, fast runde Köpfchen an drahtigen Stielen	80–140 cm aufrechte, buschige Horste	Blüten hängen an langen, kahlen Stängeln bogig über; Pimpinelle *(S. minor)* ist ein Würzkraut
	**Herbst-Helmkraut** *Scutellaria incana*	☼ ◐ warm, trocken bis frisch, durchlässig	Juli–Sept. hellblau bis lilablau, in dichten Rispen	60–80 cm aufrechte, verzweigte Horste	passt in den Bauerngarten und in naturnahe Gärten; Chinesisches Helmkraut *(S. baicalensis)* blüht bereits ab Juni

Stauden

Name	Standort	Blütezeit/-farbe	Höhe/Wuchs	Besonderheiten	
Purpur-Fetthenne *Sedum telephium*	☼ warm, heiß, trocken bis frisch, durchlässig, sandig, kiesig, humusarm	Aug.–Okt. purpurrosa, rot, rostrot, in breiten, flachen, schirmartigen Dolden	40–60 cm vieltriebige, breite Horste	dickfleischige, graugrüne Blätter, verschiedene Sorten; populär auch Pracht-Fetthenne *(S. spectabile)*, blüht rosa, 'Stardust' blüht weiß	
Lichtnelke *Silene coronaria*	☼ warm, auch heiß, trocken bis frisch, durchlässig, gern kalkhaltig	Juli–Okt. leuchtend magentarosa, kleine Scheiben	40–80 cm aus grundständiger Blattrosette lange Blütenstängel	samtige, weißfilzige Blätter, elliptisch, Blattschmuck außerhalb der Blütezeit; kurzlebig, Selbstaussaat; 'Alba' blüht reinweiß	
Goldrute *Solidago*-Hybriden	☼ frisch bis feucht, nährstoffreich	Juli–Sept. gelb, in büscheligen, überhängenden Rispen	50–80 cm dichtbuschig, horstartig, aufrecht	lanzettliche Blätter, bildet kurze Ausläufer, wuchert aber nicht wie die Wildarten, Selbstaussaat; mehrere Sorten; *S. rugosa* bis 160 cm hoch, bildet keine Ausläufer	
Tulpen *Tulipa*-Arten und -Sorten	☼ warm, mäßig trocken bis frisch, durchlässig, humusarm	März–Mai viele Farben, einfach, gefüllt, glatt, gefranst, becherförmig	5–60 cm Wuchs je nach Art und Sorte	Zwiebelblume, Laub zieht nach der Blüte ein, frosthart, riesige Palette an Farben und Formen, zahllose Sorten; Wildtulpen mit stern- oder glockenförmiger Blüte	
Königskerze *Verbascum*-Arten und -Sorten	☼ warm, heiß, trocken bis mäßig trocken, durchlässig, nährstoffarm, kalkhaltig	Juni–Aug. meist gelb, lange Kerzen oder verzweigte Blütenstände	90–200 cm mächtige Blütenstängel ragen aus grundständiger Blattrosette	zweijährig oder kurzlebig; *V. bombyciferum* 200 cm, *V. chaixii* 150 cm, 'Album' weiß, *V. densiflorum* 80–100 cm, gelb, rotes Auge, *V. phoeniceum* 50–80 cm, purpurn, rosa, orange	
Schleier-Eisenkraut *Verbena bonariensis*	☼ warm, mäßig trocken bis frisch, durchlässig	Juli–Okt. violett in knopfartigen kleinen Dolden an langen, kahlen Stielen	100–150 cm sparrig, verzweigt	mehrjährig, wird aber oft wie Einjährige behandelt, da selten winterhart, Selbstaussaat; aparte Erscheinung durch die langen, kantigen, fast blattlosen Stiele	
Langblättriger Ehrenpreis *Veronica longifolia (Pseudolysimachion longifolium)*	☼ frisch bis feucht, nährstoffreich, gern lehmig	Juli–Aug. blau, violettblau, in verzweigten Blütenkerzen	60–110 cm horstartig aufrecht	Blätter lineal-lanzettlich, nicht immer standfest, 'Schneeriesin' weiß; populär auch Silbergrauer Ehrenpreis *(Pseudolysimachion spicatum)*: 20–30 cm, silbriges Laub	
Kandelaber-Ehrenpreis *Veronicastrum virginicum*	☼ ◑ frisch bis feucht, nährstoffreich, gern lehmig	Juli–Sept. blau, rosa, weiß, in kandelaberartig verzweigtem Blütenstand	100–150 cm buschig, vieltriebig, aufrecht	lanzettliche Blätter quirlartig angeordnet, gelbe Herbstfärbung	

Gräser und Farne

	Name	Standort	Blütezeit/-farbe	Höhe/Wuchs	Besonderheiten
	**Gartensandrohr** *Calamagrostis × acutiflora* 'Karl Foerster'	☼ ◐ alle Böden	Juni–Juli erst grün, dann ockergelb	60/130 cm straff aufrecht	sehr früher Austrieb, ockergelbe Herbstfärbung; 'Overdam' hat weiß gestreifte Halme
	**Diamantgras** *Calamagrostis brachytricha*	☼ ◐ durchlässig, mäßig trocken bis feucht	Aug.–Okt. silbrig rosa, fein verzweigte Rispen	50/120 cm lockere Horste	große, federartige Blütenrispen schweben über den Horsten, gelbes Herbstlaub
	**Neuseeländische Haar-Segge** *Carex comans*	☼ nährstoffreich, frisch bis feucht	April–Mai unscheinbar	40 cm schopfartiger Horst	immergrün; Winterschutz nötig; 'Bronze Form' hat beige-braune Halme
	**Wurmfarn** *Dryopteris affinis*	◐ ● warm bis kalt, humos, mäßig trocken bis feucht		70–140 cm trichterförmig	breite, doppelt gefiederte Wedel
	**Blauschwingel** *Festuca glauca*	☼ durchlässig, auch sandig, nährstoffarm	Juni–Juli graugrün, schmale Rispen	15/30 cm halbkugelige Horste	Halme schmal, graugrün bis stahlblau, Selbstaussaat; vor Winternässe schützen
	**Atlas-Schwingel** *Festuca mairei*	☼ warm, durchlässig, sandig, mäßig trocken	Juni–Juli graugrün, schlanke Rispen	60/120 cm halbkugelige Schöpfe	früher Austrieb
	**Japanisches Waldgras** *Hakonechloa macra*	◐ ● warm, frisch bis feucht	Aug.–Okt. grün, unscheinbar	20/40 cm kaskadenartig überhängend	frischgrüne Halme, kupferfarbene Herbstfärbung; in rauen Lagen Winterschutz nötig; 'Aureola' hat gelbgrün gestreifte Halme
	**Mähnengerste** *Hordeum jubatum*	☼ mäßig trocken bis frisch	Juni–Aug. 10 cm lange Ähren mit langen Grannen, strohgelb	40/70 cm aufrechte Horste	wird meist einjährig verwendet, übersteht nur selten milde Winter; auch für die Floristik geeignet

Gräser und Farne

Name	Standort	Blütezeit/-farbe	Höhe/Wuchs	Besonderheiten	
Trichterfarn *Matteuccia struthiopteris*	◐ ● frisch bis feucht, humos, nährstoffreich		70–140 cm trichterförmig	hellgrünes, doppelt gefiedertes Laub; bildet Ausläufer	
Chinaschilf *Miscanthus sinensis*	☼ warm, Boden frisch bis feucht, nährstoffreich	Aug.–Okt. je nach Sorte silbrig, cremeweiß, braun, federartige Büschel	80–280 cm dichte, breite, aufrechte oder überhängende Horste	Halme bambusähnlich, Blätter schilfartig, im Herbst gelb, bräunlich oder rötlich; später Austrieb, z. T. Selbstaussaat; viele Sorten, auch reine Blattschmuckpflanzen	
Riesen-Pfeifengras *Molinia arundinacea*	☼ ◐ alle Böden von frisch bis feucht bevorzugt	Juli–Sept. auf langen Halmen grüne, später gelbe, lockere Rispen	60–80 cm/ 120–240 cm hohe, elegante, überhängende Schöpfe	Halme sind knotenlos, goldgelbe Herbstfärbung; viele Sorten, z. B. 'Transparent' (200 cm hoch)	
Moor-Pfeifengras *Molinia caerulea*	☼ ◐ kühl, Boden frisch bis feucht, nährstoffarm	Juli–Sept. schmale braune Rispen	30/100 cm schopfartig überhängend, halbkugelig	Blütenhalme überragen Horst bei Weitem, schöne gelbe bis ockerbraune Herbstfärbung von Rispen und Laub	
Rutenhirse *Panicum virgatum*	☼ nährstoffreich, durchlässig, mäßig trocken bis frisch	Juli–Sept. erst schmale, später duftige, reich verzweigte Rispen, 30 cm lang	60–160 cm/ 100–180 cm lockere, vielhalmige Horste, aufrecht bis überhängend	später Austrieb, je nach Sorte spektakuläre Herbstfarben von gelbbraun bis flammend rot; viele Sorten im Handel, z.B. 'Hänse Herms', schon ab Juni mit rötlichem Laub	
Silberährengras *Stipa calamagrostis*	☼ warm, mäßig trocken bis frisch, durchlässig	Juli–Sept. silberweiß, später beige bis ockerfarben, schweifartig	60/100 cm schopfartig, überhängend	graugrünes Laub, ockergelbe Herbstfärbung	
Riesen-Federgras *Stipa gigantea*	☼ warm, durchlässig, sandig, steinig, mäßig trocken bis trocken	Juni–Aug. goldgelb, lockere bis 50 cm lange Rispen mit hängenden Grannen	60/220 cm dichte Horste, überhängend	schmale, graugrüne Blätter, Blütenhalme schweben weit über den Blatthorsten	
Engelshaar *Stipa tenuissima* *(Nasella tenuissima)*	☼ warm, durchlässig, sandig, steinig, mäßig trocken bis trocken	Mai–Juni grün-silbrig, später strohgelb, mit bis zu 5 cm langen, seidigen Grannen	40/60 cm elegant, schwungvoll übergeneigt	hellgrüne, haarfeine Blätter, sehr ätherische Erscheinung; wird meist einjährig verwendet, Selbstaussaat, auch für Topfkultur geeignet	

Einjährige Sommerblumen

	Name	Standort	Blütezeit/-farbe	Höhe/Wuchs	Besonderheiten
	**Löwenmäulchen** *Antirrhinum majus*	☼ nährstoffreich, mäßig trocken bis frisch	Juni–Okt. dichte Blütenkerzen in fast allen Farben	20–100 cm je nach Typ gedrungen oder aufrecht	Bauerngartenpflanze, Schnittblume, für die Topfkultur; in der Heimat mehrjährig, zahllose Sorten unterschiedlicher Höhe
	**Begonie** *Begonia* Semperflorens-Hybriden	☼ ◑ nährstoffreicher, gleichmäßig feuchter Boden	Mai–Okt. Schalenblüten einfach oder gefüllt, weiß, rosa, karmin, rot	15–30 cm kompakte, dichte Horste	für Balkonkästen und Töpfe; frostempfindlich, ins Beet nach Mitte Mai; es gibt Sorten mit grünem, mit rötlichem und bronzefarbenem Laub
	**Borretsch** *Borago officinalis*	☼ humoser, lockerer Boden	Mai–Juli nickende Blütensterne, himmelblau	60–80 cm aufrechte Horste	behaarte Blätter und Stängel, essbare Blüten; Direktaussaat ins Freiland, Selbstaussaat in den Folgejahren
	**Ringelblume** *Calendula officinalis*	☼ ◑ frischer, nährstoffreicher Boden	Juni–Oktober orange und gelb, Körbchenblüten	20–60 cm locker buschig, oft schiefe Stängel	Heilpflanze, Bauerngartenpflanze; Dauerblüher, Direktaussaat ins Freiland, Folgesaaten verlängern die Blütezeit
	**Kornblume** *Centaurea cyanus*	☼ alle durchlässigen Böden	Mai bis Sept. lichtblaue, fransige Blütenköpfe	40–90 cm locker verzweigt	Direktaussaat ins Freiland; auch rosa und weiße Sorten, viele verwandte einjährige und mehrjährige Arten wie die Flockenblume *(C. hypoleuca)*
	**Schmuckkörbchen** *Cosmos bipinnatus*	☼ nährstoffreiche, frische bis feuchte Böden	Mai–Okt. offene Schalenblüten, weiß, rosa, karminrosa	40–110 cm reich verzweigt, buschig	filigranes, fedriges, nadelartiges Laub; Schnittblume; Direktaussaat ins Freie
	**Gold-Kosmee** *Cosmos sulphureus*	☼ auch heiß, mäßig trocken bis frisch, durchlässig	Juni–Okt. gelb, orange, z. T. halbgefüllt, schalenförmig	30–70 cm locker aufrecht, lange, dünne Triebe	Schnittblume, auch für die Topfkultur geeignet
	**Scharlach-Lobelie** *Lobelia fulgens*	☼ ◑ vorübergehend auch heiß, frischfeucht	Juli–Okt. leuchtend rot, schlanke Rispen aus asymmetrischen Einzelblüten	60–100 cm mehrtriebig, aufrecht	Laub dunkelgrün oder bronzerot; im Haus vorziehen, nach Mitte Mai ins Freie pflanzen

Einjährige Sommerblumen

Name	Standort	Blütezeit/-farbe	Höhe/Wuchs	Besonderheiten	
Ziertabak *Nicotiana langsdorfii* 'Lime Green'	☼ ◐ nährstoffreich, mäßig trocken bis frisch	Juli–Aug. limonengrün, umgedrehte Becher	60–100 cm aufrechte Horste	blauer Blütenstaub, duftend, elliptische Blätter; Selbstaussaat	
Jungfer im Grünen *Nigella damascena*	☼ warm, nährstoffreich, mäßig trocken bis frisch	Juni–Sept. blau, rosa, weiß, Sternchenblüten	30–50 cm reich verzweigt, buschig	filigranes, nadelartiges Laub, dekorative Fruchtstände für Trockensträuße; Direktaussaat ins Freie; ähnlich ist der Schwarzkümmel *(N. hispanica)*	
Rizinus *Ricinus communis*	☼ warm, frisch, nährstoffreich	Aug.–Okt. grün oder rötlich	150–300 cm breit, locker aufrecht	riesige, bis 90 cm breite, gelappte Blätter; auch rotlaubige Sorten; Solitär-Pflanze, Blattschmuck- und Heilpflanze; giftig	
Rauer Sonnenhut *Rudbeckia hirta*	☼ warm, mäßig trocken bis frisch, nährstoffreich	Juli–Okt. gelbe Sonnenblüten mit meist dunkler Mitte	40–100 cm aufrechte Horste	Bauerngartenpflanze; kann in milden Wintern auch überdauern, auch für Topfkultur geeignet, im Haus vorziehen	
Buntschopf-Salbei *Salvia viridis*	☼ warm, mäßig trocken bis frisch, nährstoffreich	Juli–Aug. unscheinbar; dekorative Hochblätter in Violett, Rosa, Karmin, Creme	40–70 cm buschig aufrecht	gute Schnittblume; im Haus vorziehen, ab Mitte Mai ins Freie	
Studentenblume *Tagetes* Patula-Hybriden	☼ ◐ warm, auch heiß, mäßig trocken bis feucht	Juni–Okt. gelb, orange, rotbraun, ungefüllt oder gefüllt	20–40 cm	Bauerngartenpflanze, auch für Balkon-Kästen und Töpfe; im Haus vorziehen, ab Mai ins Freie; Feinblatt-Studentenblume *(T. tenuifolia)*, zierlicher in Blüte und Blatt	
Kapuzinerkresse *Tropaeolum majus*	☼ ◐ warm, frisch bis feucht	Juli–Okt. gelb, orange, rot, kapuzenartig	30–300 cm je nach Sorte horstartig oder kletternd	dekorative, große, runde Blätter; Direktaussaat ins Freie, auch für Topfkultur geeignet	
Zinnie *Zinnia elegans*	☼ warm, auch heiß, durchlässig, mäßig trocken bis frisch	Juli–Okt. Korbblüten, halb- oder dicht gefüllt, in fast allen Farben	30–100 cm aufrecht, wenig verzweigt	Schnittblume; im Haus vorziehen, nach Mitte Mai ins Freie	

Bezugsquellen

Gartenversandhandel

Dehner GmbH & Co. KG
Gartencenter-Zentrale
Donauwörther Straße 3–5
86641 Rain
www.dehner.de

Gärtner Pötschke
Beuthener Straße 4
41561 Kaarst
www.poetschke.de

Staudengärtnereien mit Versand

Staudengärtnerei
Gräfin von Zeppelin OHG
Weinstraße 2
79295 Sulzburg-Laufen
www.graefin-v-zeppelin.com

Staudengärtner Klose
Rosenstraße 10
34253 Lohfelden
www.staudengaertner-klose.de

Kayser & Seibert
Odenwälder Pflanzenkulturen
Wilhelm-Leuschner-Straße 85
64380 Rossdorf
www.kayser-und-seibert.de

Staudengärtnerei
Dieter Gaissmayer
Jungviehweide 3
89257 Illertissen
www.gaissmayer.de

Blumenschule
Rainer Engler
Augsburger Straße 62
86956 Schongau
www.blumenschule.de

Arends Maubach
Staudengärtnerei & Gartenkultur
Monschaustraße 76
42369 Wuppertal-Ronsdorf
www.arends-maubach.de

Zwiebelblumen

der blumenzwiebelversand
Bernd Schober
Stätzlinger Straße 94a
86165 Augsburg
www.der-blumenzwiebelversand.de

Traumgärten
Stefan Strasser
Am Europakanal 40
91056 Erlangen
www.traumgaerten.biz

Sommerblumen

Carl Sperling & Co. GmbH
Neuer Weg 21
06484 Quedlinburg
www.sperli-samen.de

Kiepenkerl
Bruno Nebelung GmbH & Co.
Freckenhorster Straße 32
48351 Everswinkel
www.kiepenkerl.de

Gehölze, Klettergehölze

Pflanzenhandel Lorenz von Ehren
GmbH & Co. KG
Maldfeldstraße 4
21077 Hamburg
www.lve-baumschule.de

Clematiskulturen
Friedrich Manfred Westphal
Peiner Hof 7
25497 Prisdorf
www.clematis-westphal.de

Bodenuntersuchungen

TU München
Zentralinstitut f. Ernährungs- und
Lebensmittelforschung
Bioanalytik
Alte Akademie 10
85350 Freising

Landwirtschaftskammer Niedersachsen
Landwirtschaftliche Untersuchungs-
und Forschungsanstalt Nord-West
Postfach 2549
26015 Oldenburg

LUFA Rostock der LMS
Landwirtschaftliche Untersuchungs-
und Forschungsanstalt
Graf-Lippe-Straße 1
18059 Rostock

Weitere Adressen erhalten Sie bei:
VDLUFA
Obere Langgasse 40
67346 Speyer
www.vdlufa.de

Literatur

Hansen, R., Stahl F.: Die Stauden und ihre Lebensbereiche in Gärten und Grünanlagen. Verlag Eugen Ulmer, Stuttgart

Hensel, W.: Blattschönheiten. Gräfe und Unzer Verlag, München

Hertle, B., Kiermeier, P., Nickig, M.: Das große GU PraxisHandbuch Gartenblumen. Gräfe und Unzer Verlag, München

Register

Halbfett gesetzte Seitenzahlen verweisen auf Abbildungen.

Die Autorin

Ute Bauer studierte Gartenbauwissenschaften und absolvierte ein Volontariat im Burda-Verlag bei der Zeitschrift »mein schöner Garten«. Inzwischen ist sie seit Jahren als freie Journalistin selbstständig. Sie arbeitet für diverse Medien, vor allem Garten-Magazine, und hat bereits mehrere Bücher veröffentlicht, darunter die GU-Titel »Quickfinder Rosen« und »300 Fragen zu Rosen«.

Bildnachweis

Ute Bauer: 11-1, 11-2, 128-8, 129-4, 129-8, 132-6, 133-2, 134-6; **Manuela Beck:** 128-3, 128-6, 128-7, 139-2; **Elke Borkowski:** Cover, 10-2, 16-2, 18-1, 21-1, 21-2, 30, 34, 35-1, 39, 45-1, 48-1, 52, 54-1, 54-2, 59, 60-1, 60-2, 63-2, 68-2, 69-2, 72-2, 76, 77, 80, 85, 87-1, 89-1, 93, 96, 97-2, 99-1, 99-2, 101-1, 104-1, 106, 107, 111-2, 114-2, 115-2, 118, 120-2, 123, 125-1, U4-2, U4-3; **botanikfoto:** 5-2, 9, 58, 61-2, 78, 90, 105, 114-1, 132-1; Christa **Brand:** 4-1, 4-2, 5-1, 6/7, 14, 28, 33-1, 38, 40-1, 40-2, 55, 69-1, 92-1, 94, 95, 97-1, 98-1, 111-1, 120-1, 121-2, U4-1; **Flora-press/GAP:** 29, 35-2, 36, 37, 53, 104-2, 115-1, 116-1, 128-1, 128-5, 129-2, 130-8, 131-8, 132-4, 132-8, 133-5, 134-4, 134-7, 134-8, 135-3, 135-5, 135-8, 136-3, 136-4, 136-7, 137-2, 137-7, 138-3, 139-1, 139-4, 139-8; GAP Photos: 18-2, 26/27, 33-2, 128-2, 128-4, 133-7, 137-8, 138-5, 138-6, 139-5; **Garden Collection:** 57; **Garden Picture Library:** 2/3, 12, 15, 32-2, 102; **Manuela Göhner:** 10-1, 79-2, 83-1, 84, 87-2, 98-2, 110; **Claudia Lieb:** 45-2, 51-2, 65-2, 75-2, 83-2, 89-2, 101-2, 125-2; **Marianne Majerus:** 8, 13, 16-1, 17-1, 17-2, 19, 20, 23-1, 31, 32-1, 42-1, 42-2, 48-2, 49-1, 49-2, 51-1, 56, 62-2, 63-1, 67, 68-1, 70, 73, 91, 108-1, 108-2, 109, 112, 113, 126/127; **MAP/Mise-au-point:** 65-1; **Marion Nickig:** 46, 47, 61-1, 62-1, 81, 86, 92-2, 119, 122-1, 129-1, 129-3, 129-5, 129-6, 129-7, 130-1, 130-2, 130-3, 130-4, 130-5, 130-6, 130-7, 131-1, 131-2, 131-3, 131-4, 131-5, 131-6, 131-7, 132-2, 132-3, 132-5, 132-7, 133-1, 133-3, 133-4, 133-6, 133-8, 134-1, 134-2, 134-3, 134-5, 135-1, 135-2, 135-4, 135-6, 135-7, 136-1, 136-2, 136-5, 136-6, 136-8, 137-1, 137-3, 137-4, 137-5, 137-6, 138-1, 138-2, 138-4, 138-7, 138-8, 139-3, 139-6, 139-7; **Markus Nilling:** 24-2, 24-3; **Red Cover:** U4-4; **Michael Schulze:** 79-1; **Friedrich Strauß:** 43, 66, 71, 72-1, 75-1, 103, 116-2, 117, 121-1, 122-2; **Strauß/GBA:** 41; **Eva Wunderlich:** 22-1, 22-2, 22-3, 23-2, 23-3, 23-4, 24-1, 25.
Pflanzenillustrationen: Claudia Lieb
Syndication: www.jalag-syndication.de

Dank

Verlag und Autorin danken Prof. Dr. Bernd Hertle von der Hochschule Weihenstephan-Triesdorf für die fachliche Unterstützung.

Impressum

Projektleitung: Angelika Holdau
Lektorat: Barbara Kiesewetter
Bildredaktion: Adriane Andreas/Daniela Laußer, Petra Ender (Cover)
Layout: Marion Feldmann
Umschlaggestaltung: independent Medien-Design, Horst Moser, München
Produktion: Susanne Mühldorfer
Reproduktionen: Longo AG, Bozen
Druck: aprinta, Wemding
Bindung: Conzella, Pfarrkirchen
ISBN 978-3-8338-2106-6
1. Auflage 2011

GRÄFE UND UNZER

Ein Unternehmen der
GANSKE VERLAGSGRUPPE